호텔중국어 1000 문장 익히기

박대환 · 원철식 · 허종국 저

lishing and culture
앤씨미디어

이 저서는 2017년 영산대학교 교내연구비의 지원을 받아 수행되었음.

호텔중국어
1000
문장
익히기

Preface

본 교재의 문장들은 대학에서 호텔경영을 전공하는 학생들이 필수적으로 습득해야 할 현장 중국어 문장들이며, 호텔현업 출신의 교수들과 중국어 전공교수님들이 공동으로 집필하였으며, 원어민의 감수를 거쳐 완성하였다.

수년간 호텔경영학과에서 학생들을 지도하면서 체득한 강의 경험을 바탕으로 학생들이 실제적으로 현장에서 필요로 하는 필수표현들을 수집한 후, 이를 엄선하여 최종적으로 책으로 엮었다. 이 서적은 현장에서 사용하는 문장과 내용들을 전반적으로 담고 있으며, 객실과 식음료뿐 아니라, 재방문고객과 지속적인 관계유지를 위한 보다 심화된 현장중심의 내용을 담고 있다.

이 책은 각 문장의 내용을 이해하고 상황을 잘 파악하여 암기하고 사용하는 것이 학습요령이다. 학습요령을 적용하기 위한 학생들의 단계적 자습효과를 제도적으로 지원하기 위해서 대학의 학생진로개발센터가 만든 경력개발 프로그램인 YCMP(Youngsan Career Map Program) 학생지도 체계를 바탕으로 학생의 개인적 노력과 학교의 제도적 지도체계가 결합하여 효율적인 학습성과를 이룰 것으로 확신한다.

어학공부는 어디에서 무슨 책을 보는가 하는 것도 중요하지만, 지금 결심한 공부에 얼마나 신념을 가지고 일정수준까지 학습초기의 초심을 유지하면서 지속적으로 이행해 나가는가가 더 중요한 요인이라고 할 수 있다. 따라서 나의 어학공부는 자신에 대한 믿음, 열정, 노력과 이를 이룰 수 있다는 신념, 그 자체가 중요한 학습의 성공정신이다.

모두들 일로 매진하여 "Hoteliers are not born but made"의 마음으로 호텔중국어를 잘할 수 있는 그 날까지 인내하며, 불광불급(不狂不及)의 정신으로 헤쳐 나가면서 새로운 가능성을 뿌듯한 가슴으로 즐길 날이 올 것을 기대한다. 공동저자들은 여러분의 성공을 진심으로 소망한다.

공동저자

目录(Contents)

P·A·R·T 1 房间分配业务

P·A·R·T 2 餐饮服务

P·A·R·T 3 市场营销

P·A·R·T 4 求职面试

酒店汉语1,000句

P·A·R·T 1

房间分配业务

房间预订

객실예약

用电话客房预订　전화로 예약받기

一名客人给世界最佳微笑酒店打电话进行客房预订，以下是和酒店负责人的对话。

R 预约负责人　G 客人

R 您好！我是负责酒店预约的黄女士。有什么可以帮助您？

G 是的，有事情需要帮助。我叫杰克逊，我需要一个单人间。

R 您需要住多久呢？

G 我打算6月1号入住，6月3号退房。

R 请您稍等一下。15楼有一个房间一晚110000元。

G 好的。我就要那个房间。

R 您怎样结算呢？

G 我用信用卡支付。

Situation

고객이 객실예약을 위하여 월드베스트스마일호텔에 전화를 하고, 객실예약 담당자가 예약에 대해 협상하여 예약을 성사시키는 내용의 대화

R 예약담당 G 고객

R 안녕하십니까? 객실예약 담당 황입니다. 무엇을 도와드릴까요?

G 예, 부탁합니다. 저는 잭슨이라고 하는데, 싱글룸이 하나 필요합니다.

R 얼마 동안 체류하실 예정입니까?

G 저는 6월 1일 입숙해서 6월 3일 퇴숙할 예정입니다.

R 잠시만 기다려 주시기 바랍니다. 15층에 1일 110,000원짜리 객실이 가능합니다.

G 좋습니다. 그것으로 하지요.

R 계산은 어떻게 하시겠습니까?

G 저의 신용카드로 하겠습니다.

R 请您说一下卡号可以吗?

G 万事达卡1241258797856。

R 是万事达卡1241258797856对吗?

G 是的。

R 杰克逊先生，现在可以了。感谢致电。

R 카드번호를 말씀해 주시겠습니까?

G 예, 마스터카드 1241258797856입니다.

R 마스터카드 1241258797856이라구요?

G 예, 맞습니다.

R 잭슨 씨, 이제 다 되었습니다. 전화 주셔서 고맙습니다.

前厅接待服务

객실부문 영접서비스

门卫迎接服务 도어맨 영접서비스

酒店门卫正在酒店前门入口等待客人。一名客人开着车停在了酒店入口。门卫把车门打开迎接客人。

D 门卫 G 客人

◆ 门卫服务

D 欢迎光临世界最佳微笑酒店。需要我帮您提行李吗？

G 好的。您可以帮我把后备箱的行李拿出来吗？我的房间是2517。请让行李员把我的行李放到我的房间。

D 需要我帮您停车吗？

G 好的，然后把车钥匙放到桌子上。我等会去拿。我在哪里可以买到花？

D 在一楼。请直走然后右转，在你的左手边。

Situation 1

도어맨이 호텔현관 입구에서 고객을 기다리고 있다. 자가운전을 한 고객이 호텔에 현관 입구에 도착하고 있다. 도어맨이 차량의 문을 열면서 맞이하고 있다.

D 도어맨 G 고객

◆ 도어맨 서비스

D 월드베스트스마일호텔에 오신 것을 환영합니다. 휴대품 운반을 도와드릴까요?

G 예, 좀 도와주십시오. 차량 트렁크에 있는 가방들도 좀 꺼내어 주시겠어요? 객실은 2517호입니다. 벨맨을 시켜서 짐을 방으로 보내 주십시오.

D 저희가 대리주차해 드릴까요?

G 예, 그렇게 하시고, 차량 열쇠는 데스크에 보관해 주십시오. 나중에 가져가겠습니다. 꽃을 좀 사려고 하는데 어디에서 살 수 있지요?

D 1층에 있습니다. 곧바로 가셔서 오른쪽으로 돌면 왼쪽에 있습니다.

行李员接待服务 벨맨 영업서비스

门卫把行李交给传达员，然后传达员领客人去酒店接待处。

B 传达员 G 客人

◆ 行李员服务

B 您好！女士有什么可以帮助您吗？

G 我要办理入住手续。几天前我预订了房间。

B 我领您去接待处，您有几件行李？

G 有两个包一个箱子。

B 我把它们带过去。

Situation 2

도어맨이 가방을 벨맨에게 넘기고, 벨맨은 고객을 프론트로 안내한다.

B 벨맨 G 고객

◆ 벨맨 서비스

B 안녕하십니까? 부인. 도움이 필요하십니까?

G 예, 체크인을 하려고 합니다. 며칠 전에 내가 직접 예약을 해 두었습니다.

B 프론트로 모셔 드리겠습니다. 짐은 몇 개나 되는지요?

G 짐 2개와 박스 1개가 있습니다.

B 제가 가지고 들어가겠습니다.

前台接待服务 프론트데스크 영접서비스

已经预订的客人到达了接待处准备办理入住手续

F 前台接待 G 客人

◆ 前台办理入住服务

F 您好！您预订了吗？

G 是的，我预订了一个双人房名字是杰弗里布朗。

F 您预订的双人房入住两晚现在已经可以了。请您填写登记表并且在下面签名。您怎样支付呢？

G 如果可以的话我想用信用卡支付。

F 我可以复印一下您的信用卡吗？

G 好的，给你。

F 您的房间是2122。请确认在钥匙包上面的房间号。请好好休息。

F 艾伦！陪着布朗先生。

Situation 3

미리 예약을 한 고객이 체크인을 위해 프론트 데스크에 도착하였다.

F 프론트데스크 에이전트 G 고객

◆ 프론트데스크 체크인 서비스

F 안녕하십니까? 예약은 하셨습니까?

G 예, 제프리 브라운이라는 이름으로 더블룸 한 개를 예약했습니다.

F 고객 성함으로 오늘부터 2박3일간 더블룸 1개가 예약되어 있습니다. 이 등록카드를 기록해 주시고, 아래 부분에 서명을 해 주시면 고맙겠습니다. 계산은 어떻게 하시겠습니까?

G 괜찮으시다면, 나의 신용카드로 계산하면 좋겠습니다.

F 신용카드로 예치를 해도 되겠습니까?

G 예, 여기 있습니다.

F 손님의 객실은 2122입니다. 열쇠꽂이에 있는 표찰을 참조해 주시기 바랍니다. 편히 쉬십시오.

F 알렌! 브라운씨를 잘 모셔 주셔요.

客人入住服务 고객 입숙 서비스

已经预订房间的客人想办理入住手续。

F 前台接待 G 客人

◆ 前台接待

F 您好先生！

F 您预订了吗？可以说下您的姓名吗？

G 我是查尔斯布朗，我预订了两晚。

F 我们查到您的预订了。

F 布朗先生，您预订了双人房，请问您还有其他的要求吗？

G 有没有双人房可以看到山景？

F 好的，我在电脑上帮您看一下有没有山景房。您打算在这里住多久？

G 我们打算住四个晚上。

F 请您填写一下登记表可以吗？

Situation 4

예약하신 고객이 프론트데스크에 와서 체크인을 원한다.

F 프론트데스크 에이전트 G 고객

◆ 프론트데스크 에이전트

F 안녕하십니까? 고객님.

F 예약하셨습니까? 성함을 말씀해 주시겠습니까?

G 나는 찰스 브라운이고, 2일간 예약을 하였습니다.

F 우리 호텔시스템에 예약이 잘 되어 있습니다.

F 브라운씨. 예약은 더블 베드룸으로 되어 있습니다만 어떤 객실을 원하십니까?

G 더블 베드룸 하나면 되겠습니다. 우리는 산 쪽의 전망을 바다 쪽보다 더 좋아합니다.

F 예, 컴퓨터 화면에서 찾아보겠습니다. 그런데 며칠 동안 머무시겠습니까?

G 여기는 4일간 머물려고 합니다.

F 등록카드를 기록해 주시겠습니까?

F 房间一晚是350000元。

G 有没有价格稍微低一点的房间？

F 有的，但是不包含早餐和健身房使用券。

G 好的，我们还是要最开始预订的房间。

F 可以把您的信用卡给我做标记吗？退房的时候您可以用其他可结账。

F 您的房间号在配房通知单上面。

F 您开门的时候，把带有图片的那一面钥匙卡插进去然后转动门把手。让钥匙卡接触到门锁，当绿灯亮起时转动把手。

F 传达员将陪同您去房间。住得愉快，谢谢！

F 객실요금은 1박에 350,000원입니다.

G 좀 더 낮은 가격대의 객실은 없습니까?

F 예, 있습니다만 그 가격엔 조식과 체련실 이용권이 포함되어 있지 않습니다.

G 좋아요. 처음 예약한 것으로 하겠습니다 .

F 계산하실 신용카드를 주시면 오픈하였다가 나가실 때 계산을 완료해 드리겠습니다. 퇴실하실 때 결제하시기 위해 다른 카드를 사용하셔도 됩니다.

F 객실번호는 객실안내표에 적혀 있습니다.

F 객실열쇠로 문을 여실 때, ① 객실 키는 그림이 있는 면을 위로 넣었다가 빼시고, 손잡이를 돌리시면 됩니다. ② 객실 키를 도어 락에 터치하시고, 초록색 불이 들어오면 손잡이를 돌려주십시오.

F 저희 직원이 안내해 드리겠습니다. 편히 쉬십시오. 감사합니다.

签到服务 Walk-ins의 도착서비스

没有提前预定的客人来到了前台。该怎么样处理？

F 前台接待 G 客人 B 传达员

◆ 没有预订的客人到达的时候

F 您好！请问您预订了吗？

G 没有，我需要两间客房，我和我的家人住。

F 您要住多久呢？

G 我将要住两天。

F 您想要什么种类的客房？

G 我和我的妻子要一间双人床房间，儿子要一间单人房。

F 我确认一下看看有没有空房间。现在有一间高级双人床房间和一间单人间。

G 多少钱？

F 一晚的房价是450000元，不包括百分之十的服务费和百分之十的税。如果没有提前预定的话需要先支付第一晚的房费。

G 好的，我用万事达卡支付。

Situation 5

예약을 하지 않고 도착한 고객이 프론트데스크에 오셨다. 어떻게 처리해야 할까요?

F 프론트데스크 에이전트 G 고객 B 벨맨

◆ 예약을 하지 않은 고객이 도착했을 때

F 안녕하십니까? 예약하셨습니까?

G 아니오. 객실이 2개가 필요합니다. 저와 제 아들이 머물 예정입니다.

F 며칠간 머무실 예정입니까?

G 2일간 머무를 예정입니다.

F 어떤 종류의 객실을 원하십니까?

G 우리 부부는 더블 베드룸 1개, 아들은 싱글 베드룸 1개가 있으면 되겠습니다.

F 빈 방이 있는지 확인해 보도록 하겠습니다. 디럭스 더블 베드룸 1개와 싱글 룸 1개가 가능합니다.

G 객실요금은 얼마입니까?

F 일일 요금은 450,000원입니다. 10% 봉사료와 10%의 세금은 별도입니다. 예약이 없으신 분은 1일 요금을 선불로 미리 받게 됩니다.

G 좋아요. 저의 비자카드로 계산을 하도록 하지요.

F 布朗先生，现在可以了。房间号是1236，传达员现在陪同您一起去房间。如果您有需要帮助的请联系我们。祝您过得愉快！

B 布朗先生，我带您去房间，这边请。

前台接待经验 프론트데스크에서 서비스 경험

在前台接待处接待员提供的三种服务

R 前台接待员 **G** 客人

◆ 在前台接待处接待员的服务低于客人的预期

R 您好！要办理入住吗？

G 是的，我提前预定了，名字是琼斯希尔顿。

R 好的。欢迎光临世界最佳微笑酒店，您住一晚对吗？

G 是的，只有今天。

R 请您填一下登记表。

G 好的，可以借我用一下笔吗？

R 好的，给您。可以了，谢谢！您要用万事达卡支付吗？

F 브라운 씨 잘 정리되었습니다. 객실은 1236번입니다. 벨멘 칼이 지금 객실로 안내를 해 드릴 것입니다. 혹시 불편하신 점이 있으면 저에게 연락을 주시기 바랍니다.
편히 쉬시기 바랍니다.

B 브라운씨, 제가 안내해 드리겠습니다. 이쪽입니다.

Situation 6

프론트에서 영접원이 제공하는 세 가지 서비스를 접할 수 있다.

R 프론트 영접원 G 고객

◆ 프론트데스크에서 고객의 기대에 부응하지 못하는 서비스

R 안녕하십니까? 고객님. 체크인하시겠습니까?

G 예, 존 힐튼이라고 예약이 되어 있을 것입니다.

R 알겠습니다. 예, 여기 있습니다. 월드베스트스마일호텔에 오신 것을 환영합니다. 하룻밤 머무실 거지요?

G 예, 오늘 하룻밤입니다.

R 등록카드에 기록을 해 주시겠습니까?

G 그렇게 하지요. 펜 좀 빌릴까요?

R 그렇게 하겠습니다. 여기 있습니다. 예, 되었습니다. 고맙습니다. 비자카드로 지불하실 것이죠?

G 是的

R 请您把卡给我一下可以吗，我需要授权一下。

G 好的，给你。

R 谢谢，给您卡。先生，这是您的房间钥匙。

G 对了，可以给我一个酒店的后面的禁烟房间吗？还有软枕头。

R 嗯，我确认一下。酒店后面有禁烟房间，然后枕头的话我们将给您联系客房管理部。

客房管理部的工作人员将会给您打电话。我已经给您安排了8楼后面的房间8016，您还有其他需要吗？

G 没有了，可以了。

R 好的，电梯在您的左边。如果您在住宿期间有什么需要的请联系我们。祝您过得愉快！

G 谢谢。

◆ 在前台接待处使客人满意的服务

R 您好！有什么需要帮助的吗？

G 我提前预定了，名字是琼斯希尔顿。

G 예.

R 승인을 받아야 하므로 카드를 좀 주시겠습니까?

G 예, 그럼요. 여기 있습니다.

R 감사합니다. 카드 여기에 있습니다. 선생님. 객실 키를 드리도록 하겠습니다.

G 그런데 호텔 뒤편 조용한 곳으로 금연실을 얻을 수 있을까요? 참, 그리고 부드러운 베개도.

R 음~. 예, 확인해 보도록 하겠습니다. 예, 뒤편 조용한 곳으로 금연실이 있습니다. 그리고 베개는 객실관리부서에 연락을 하도록 하겠습니다. 객실관리부서 직원이 고객님께 전화하도록 하겠습니다. 이제, 고객님에게 8층 뒷편에 있는 8016호를 드리도록 하겠습니다. 혹시, 더 필요하신 것이 있습니까?

G 아니오. 됐습니다.

R 예, 그럼, 엘리베이터는 왼편에 있습니다. 체류기간에 불편하신 점이 있으면 연락을 주시기 바랍니다. 편히 쉬시기 바랍니다.

G 고맙습니다.

◆ 프론트데스크에서 고객의 기대에 부응하는 서비스

R 안녕하십니까? 고객님. 도와드릴까요?

G 예, 존 힐튼이라고 예약이 되어 있을 것입니다.

R 好的，希尔顿先生您在我们酒店住一晚对吗？

G 是的，就今天一晚。

R 欢迎再次来到我们酒店入住。希尔顿先生，很高兴再一次见到您。请您填写一下入住表格可以吗？给您笔。

G 好的。

R 谢谢！您用万事达卡支付对吗？

G 是的

R 请您把卡给我一下可以吗，我需要授权一下。

G 好的，给你。

R 谢谢，希尔顿先生请问您需要叫醒服务和早间报纸吗?

G 请6点半叫我起床，然后给我一份泰晤士报。

R 希尔顿先生，您要预订晚餐吗？

G 好的，请给我预订下午八点。

R 好的，我将为您预订。希尔顿先生，还有其他需要帮助的吗？

R 오~ 예, 여기에 있습니다. 힐튼 씨, 우리 호텔에는 오늘 하룻밤 머무시는 것이지요?

G 예, 오늘 하룻밤입니다.

R 오~, 우리 호텔에 또 오셨군요. 힐튼 씨, 다시 찾아주신 것을 진심으로 환영합니다. 이 등록카드를 좀 작성해 주시겠습니까? 펜은 여기 있습니다.

G 그러지요.

R 감사합니다. 힐튼 씨. 비자카드로 계산하실 것이지요?

G 예.

R 승인을 받아야 하므로 카드를 좀 주시겠습니까?

G 예, 그럼요. 여기 있습니다.

R 고맙습니다. 힐튼 씨. 아침에 깨워드릴까요? 그리고 조간신문도 필요하시죠?

G 예, 6시 30분에 좀 깨워 주시고, 타임지를 주시기 바랍니다.

R 힐튼 씨, 저녁 식사를 위해 레스토랑에 예약을 해 드릴까요?

G 예, 8시로 해 주시죠.

R 잘 알겠습니다. 그렇게 하겠습니다. 힐튼 씨, 그 외에 제가 도와드릴 일이 있습니까?

G 对了，可以给我一个酒店的后面的禁烟房间吗？还有软枕头。

R 好的，我找一下。酒店后面有禁烟房间在八楼8016号房间，枕头我们稍后就给您。希尔顿先生，您对我们酒店的设施了解吗？

G 了解，谢谢。

R 希尔顿先生，需要我们帮您拿行李吗？

G 没关系，我可以拿，谢谢。

R 好的，希尔顿先生，电梯在您的左边，如果您在住宿期间有什么需要的请联系我们。祝您过得愉快！如果您需要帮助，请按0号键。

G 谢谢。

◆ 在前台接待处超出客人预期的服务

R 您好！请问有什么需要帮助吗？

G 我提前预定了，名字是琼斯希尔顿。

R 好的，希尔顿先生很高兴再次见到您，这是登记表。如果和上次住宿时的信息不一样的话请您改一下，如果没有需要改的地方请您在下方签名。给您笔。

G 그런데 호텔 뒤편 조용한 곳으로 금연실을 얻을 수 있을까요? 참, 그리고 부드러운 베개도.

R 예, 찾아보도록 하겠습니다. 예, 뒤편 조용한 곳으로 금연실이 있습니다. 8층 8016호를 드리도록 하겠습니다. 그리고 부드러운 베개는 객실에 올려 보내 드리도록 하겠습니다. 힐튼 씨는 우리 호텔 시설을 잘 아시나요?

G 예, 그렇지요, 고맙습니다.

R 힐튼 씨, 짐 옮기는 것을 도와드릴까요?

G 아니요. 괜찮습니다. 제가 가지고 가지요. 고맙습니다.

R 좋습니다. 힐튼 씨. 엘리베이터는 왼쪽에 있습니다. 체류기간에 불편하신 점이 있으면 연락을 주시기 바랍니다. 즐거운 저녁시간 되시기 바랍니다. 전화 0을 누르시면 기꺼이 도와 드리겠습니다.

G 고맙습니다.

◆ 프론트데스크에서 고객의 기대를 초과하는 서비스

R 안녕하십니까? 고객님. 도와드릴까요?

G 예, 존 힐튼이라고 예약이 되어 있을 것입니다.

R 오~ 예, 여기에 있습니다. 힐튼 씨, 다시 뵙게 되어 반갑습니다. 여기 등록카드가 있습니다. 지난 번 투숙 때 내용과 다른 점이 있으면 변경해 주시고, 변경 사항이 없으면 맨 아래 서명만 해 주시기 바랍니다. 펜은 여기에 있습니다.

G 好的

R 谢谢，希尔顿先生，您用万事达卡支付对吗？

G 是的

R 请您把卡给我一下可以吗，我需要授权一下。

G 好的，给你。

R 谢谢，希尔顿先生，您还是和之前一样需要泰晤士报对吗？

G 是的，谢谢。

R 早上几点叫您起床呢？

G 请六点半叫我起床。

R 希尔顿先生，您要预定晚餐吗？

G 好的，请给我预订八点。

R 希尔顿先生，对于座位您有要求吗？

G 如果可以的话我想要边上的座位，不要中间的。

R 我联系了餐厅的经理，今天可能会有团体客人在前面坐，后面比较安静，给您安排后面的座位，您看这样

G 그러지요.

R 감사합니다. 힐튼 씨, 비자카드로 계산하실 것이지요?

G 예.

R 승인을 받아야 하므로 카드를 좀 주시겠습니까?

G 예, 그럼요. 여기 있습니다.

R 고맙습니다. 힐튼 씨, 평소처럼 아침에 타임지를 원하시죠?

G 예, 고맙습니다.

R 아침엔 몇 시에 깨워드리면 좋겠습니까? 힐튼 씨.

G 6시 30분에 깨워주시기 바랍니다.

R 힐튼 씨, 저녁 식사를 위해 레스토랑에 예약을 해 드릴까요?

G 예, 8시로 해 주시죠.

R 특별히 선호하시는 테이블이 있으면 말씀해 주시기 바랍니다. 힐튼 씨.

G 실은 중간에 있는 테이블보다 가장자리에 있는 것으로 해 주면 좋겠습니다.

R 지금 레스토랑 설 지배인에게 연락하여 그렇게 짜놓도록 하고 힐튼 씨에게 연락을 드리라고 하겠습니다. 아마 오늘은 큰 단체가

可以吗？

G 好的，太棒了。

R 希尔顿先生，我给您安排了和您上次住宿时一样的楼层，在酒店后面的禁烟房间，8016号房间，可以吗？

G 好的，谢谢。我刚要说这个。

R 枕头稍后给您拿去。

G 哦，真的吗？你还记得？谢谢。

R 希尔顿先生，我们酒店的设施您还记得吧？需要我重新再给您说明一下吗？

G 没关系，我还记得，谢谢。

R 好的。希尔顿先生，我们酒店最近重新装潢了酒吧环境特别好，您可以在饭前顺便去喝一杯。非常感谢您再次来到我们酒店，我们给您一张免费的饮料券，希望您顺便去喝一杯，我相信您会喜欢的。电梯在您的左边，您可以把行李放在这里，我们等一下帮您拿上去。

G 没关系，谢谢。我可以自己拿。

있어서 앞편은 혼잡할 것 같고, 뒤편이 조용할 것 같습니다. 그렇게 하면 되겠지요? 힐튼 씨.

G 예, 완벽하네요.

R 힐튼 씨, 지난 번 투숙하셨던 객실과 같은 층에 있는 조용한 뒤편 금연실을 드리도록 하겠습니다. 8016호실인데요. 괜찮으시겠습니까?

G 예, 고맙습니다. 그리고 부탁할 게 있는데요.

R 그리고 부드러운 베개를 곧 올려 보내 드리도록 하겠습니다.

G 오, 그래요? 기억하는가 보죠, 고맙습니다.

R 힐튼 씨, 우리 호텔 시설은 기억하시죠? 혹시 제가 다시 설명해 드려도 될까요?

G 아니오, 기억하고 있어요, 고맙습니다.

R 그것 잘 되었습니다. 힐튼 씨, 그런데 최근에 바를 새롭게 단장하여서 분위기가 좋습니다. 식사 전에 한번 들러서 음료나 한잔해 보시는 것도 좋을 것 같습니다. 재방문에 감사드리며 무료음료권을 드릴 테니 바에 한번 들려 보시기 바랍니다. 새롭게 단장된 바를 보시면 좋아하실 것 같습니다. 저, 힐튼 씨, 엘리베이터는 왼편에 있습니다. 짐은 거기에 남겨 두시면 객실에 보내드리도록 하겠습니다.

G 아니오, 괜찮아요. 내가 가져가도록 하지요.

R 您真的可以吗？祝您有个愉快的夜晚！希尔顿先生，如果您在住宿期间有什么需要的请联系我们。如果您需要帮助，请按0号键。我的名字是秀真。我们酒店工作人员随时为您竭诚服务。

G 谢谢。

R 괜찮으시다고요? 즐거운 저녁시간되십시오. 힐튼 씨. 체류기간에 불편하신 점이 있으면 연락을 주시기 바랍니다. 전화 0을 누르시면 기꺼이 도와 드리겠습니다. 저는 수진입니다. 저나 우리 동료들이 언제든지 기꺼이 도와드릴 것입니다.

G 고맙습니다.

前台收银员服务

프론트데스크 영업회계 서비스

货币兑换 환전

客人来到前台接待处想要换钱

G 客人 C 会计员

◆ 前台接待处换钱业务

C 您好！有什么需要帮助的吗？

G 我想把美元换成韩元。

C 是100美金。

C 今天的汇率是1美金可以兑换1036韩元。

G 比银行的汇率低吗？

C 是的，我们有百分之三的手续费。

C 100美金可以换103，600韩元。

C 麻烦您在收据上签名可以吗？

G 在这里签名吗？

C 是的，在那儿签名然后在下边写上您的护照号码。

Situation 1

고객이 프론트데스크에 와서 환전을 요청할 때 활용되는 대화 내용

G 고객 C 프론트데스크 회계원

◆ 프론트데스크 환전업무

C 안녕하십니까? 무엇을 도와드릴까요?

G 미국달러를 한화로 환전을 해주십시오.

C 100달러이군요.

C 환율은 1달러에 1,036원 입니다.

G 은행보다 싸지요?

C 예, 0.3%의 환전 수수료가 붙습니다.

C 100달러이면 103,600원이 되겠습니다.

C 이 환전증서에 서명해 주시겠습니까?

G 여기 이 난에 서명합니까?

C 예, 그곳에 서명하시고 그 밑에 여권번호를 기입해 주십시오.

C 这是两张5万韩元，三张一千韩元和六个100韩元硬币。

接待换钱 거스름돈 건네기

客人来到前台接待处想要换钱

G 客人 C 会计员

◆ 在前台接待处想要换零钱

G 你好，可以换零钱吗？

C 可以换的，想要换多少？（一边看着100美金）

C 想怎么换呢？

G 请帮我都换成10美金。

C 여기 50,000원권으로 2매, 1,000원권으로 3매, 100원짜리 주화 6개입니다.

Situation 2

고객이 프론트데스크에 와서 환전을 요청할 때 활용되는 대화 내용

G 고객 C 프론트데스크 회계원

◆ 프론트데스크에서 거스름돈 바꾸기

G 안녕하세요, 잔돈으로 바꿀 수 있나요?

C 예, 바꿀 수 있습니다. 얼마짜리입니까? (100달러 지폐를 보면서…)

C 어떻게 바꿔 드릴까요?

G 모두 10달러짜리로 주세요.

客人退房服务 고객 퇴숙 서비스

客人正在准备离开酒店，为了节省时间给前台打电话让前台提取行李，检查小冰箱，结算以及其他的退房业务。

G 客人 **F** 会计员

◆ 客人退宿服务1

G 我是2134号房间的杰克逊，我打算吃完午饭后下午两点退房。请帮我准备最终的账单，帮我把行李放到下面。

C 好的，知道了。杰克逊先生，我让传达员把您的行李取下来，通知前台收银准备好您的收据。顺便告诉您酒店的退房时间是12点，如果您想住到下午两点需要再付一天房费的三分之一。您需要送机服务吗？

G 没关系，我公司同事将会送我去机场。等会给你付额外的房费。我还需要有人来检查一下小冰箱。

C 不用担心，先生。我会让客房服务员去您的房间。

Situation 3a

고객이 호텔을 떠날 준비를 하고 있다. 따라서 시간을 절약하기 위해 프론트데스크에 전화를 하여 가방 옮기기, 미니바 확인, 지불정산 등 퇴숙에 관련된 서비스를 이행해 줄 것을 요청하였다.

G 고객 F 프론트데스크 회계원

◆ 고객 퇴숙 서비스 1

G 저는 객실 2134에 머물고 있는 잭슨입니다. 저는 점심 식사를 마치고 2시경에 출발하려 합니다. 저의 계산서를 준비해 주시고, 누구를 보내서 제 짐을 좀 내려 주시기 바랍니다.

F 예, 잘 알겠습니다. 잭슨 씨. 벨맨을 보내서 짐을 내리도록 하고, 프론트 캐셔에게 계산서를 준비하도록 조치를 취하겠습니다. 그런데 호텔의 퇴숙 시간은 12:00시이고, 만약 2시간을 더 계시겠다면 일일 객실요금의 1/3을 더 내셔야 합니다. 호텔에서 공항으로 가실 교통편을 마련해드릴까요?

G 괜찮습니다. 회사동료가 데리러 올 겁니다. 추가요금은 드리도록 하지요. 그리고 누구를 보내서 미니바도 체크해 주시기 바랍니다.

F 염려마시기 바랍니다. 룸서비스 직원을 객실로 보내드리도록 하겠습니다.

客人退房服务　고객 퇴숙 서비스

客人已经告诉前台要退房，让前台准备支付收据。结账完之后马上就准备离开酒店。现在马上就要到前台收银处了。

F 前台会计员　G 客人

◆ 客人退房服务2

F 您好！有什么需要帮助的？

G 我是杰克逊，房间号是2134，我想要退房。

F 好的先生，请您稍等一下。

G 房费公司给支付，剩下的部分自己支付，所以请帮我把收据分开写。

F 给您，房费是675,000，其他的是325,000。您怎样支付？

G 用信用卡支付，万事达卡可以吗？

F 可以的，现在全都整理好了。希望您这几天在我们酒店住得是愉快的。

G 非常好，我会把你们酒店推荐给我的朋友。

Situation 3b

고객은 벌써 프론트에 자신의 퇴숙을 알렸고, 지불정산을 부탁해 둔 상태이다. 정산이 끝나자마자 곧 출발할 준비는 완료되었다. 지금 프론트 회계원에게 다가가고 있다.

F 프론트 회계원 G 고객

◆ 고객 퇴숙 서비스 2

F 안녕하십니까? 무엇을 도와드릴까요?

G 예, 나는 잭슨인데, 객실 2134입니다. 퇴숙 절차를 진행해 주십시오.

F 잘 알겠습니다. 곧 도와 드리겠습니다. 조금만 기다려 주시기 바랍니다.

G 객실요금은 회사가 내고, 나머지는 내가 내어야 할테니 계산서 따로 작성해 주십시오.

F 여기 있습니다. 객실요금은 675,000원, 그 외의 것은 325,000원이 나왔습니다. 계산은 어떻게 하시겠습니까?

G 카드로 하지요. 비자카드를 받습니까?

F 예, 이제 다 정리가 되었습니다. 저희 호텔에서 즐거운 시간을 보내셨기를 희망합니다.

G 아주 좋았습니다. 내 친구들에게 당신네 호텔을 추천할 예정입니다.

F 这是信用卡的收据。欢迎您下次光临，祝您旅行愉快。

客人退房服务 고객 퇴숙 서비스

客人马上就要到前台收银处准备退房

F 前台会计员 **G** 客人

◆ 客人退房服务3

F 您好！您住的舒服吗？

G 很好，酒店设施很舒适，服务很出色，周围的景观也很漂亮。我住的很舒服，谢谢。

F 布朗先生，现在退房吗？

G 是的。

F 布朗先生，小冰箱您用了吗？

G 是的，我喝了几小瓶酒，我的妻子在小吃摊位上拿了些东西。

F 那我们马上检查一下然后给您结账。

F 여기 신용카드 영수증이 있습니다. 다시 찾아 주시기 바랍니다. 즐거운 여행되시기 바랍니다.

Situation 3c

고객이 퇴숙을 위해 프론트로 다가오고 있다.

F 프론트 회계원 G 고객

◆ 고객 퇴숙 서비스 3

F 안녕하십니까? 편안히 쉬셨습니까?

G 좋았습니다. 시설은 편안했고, 서비스는 최고였으며, 주변의 경관도 좋았어요. 당신들과 편안한 밤을 보냈습니다. 고맙습니다.

F 브라운 씨, 지금 퇴숙하시겠습니까?

G 예, 그렇습니다.

F 브라운 씨, 미니바를 이용하셨습니까?

G 예, 나는 미니바에 있는 미니어처를 몇 개 마셨고, 집사람은 진열장에 있는 물품 몇 개를 가져왔어요.

F 그럼 곧 확인하여 계산을 해 드리도록 하겠습니다.

G 好的。

F 很抱歉让您久等了。

F 这是您的账单，请您确认一下可以吗？

G 好的，没有错的地方。

F 您怎样支付呢？

G 请帮我用我的万事达卡结账。

F 布朗先生，感谢您入住我们的酒店。希望下次还可以见到您。祝您旅途愉快。

前台高品质服务 프론트 오피스 고품질 서비스

超过客人期望值的服务

◆ 接触客人时的方法

1. 接触客人时的方法

您好！有什么可以帮助您的？

2. 亲切感

表现出对所有客人都很关心，并且提供个人服务。“史密斯先生，很高兴见到您。”

G 그렇게 하십시오.

F 기다리게 해서 죄송합니다.

F 사용내역입니다. 확인을 해 주시겠습니까?

G 좋습니다. 틀리는 게 없는 것 같습니다.

F 계산은 어떻게 하시겠습니까?

G 저의 비자카드로 결재해 주시기 바랍니다.

F 브라운 씨, 우리 호텔에 투숙해 주셔서 고맙습니다. 다음 또 뵙겠습니다. 즐거운 여행되시기 바랍니다.

Situation 4

고객의 기대치를 능가하는 서비스 제공

◆ 고객접점 테크닉

1. 우호적인 인사

"안녕하십니까? 무엇을 도와 드릴까요?"

2. 친절성

모든 고객에게 관심을 보이며, 개별적인 서비스를 제공. "스미스 씨 만나서 반갑습니다."

3. 感情带入

对待某些方面与众不同的客人要表现出你很善解人意。“我理解。”

4. 反应能力

照顾客人个人的要求，并且和同事一起努力完成那件事。“我很高兴帮助您。”

◆ 知道并且配合客人的需求

1. 读懂客人

例如，商人看起来很忙。

2. 确定客人的需求

商人想要迅速的服务。

3. 在客人要求之前事先读懂客人的需求

商人或许会要求叫醒服务。“早上需要叫您起床吗？”

◆ 给需要特殊服务的客人服务

1. 外国人客人

a. 对待外国人像对待本国人一样。
b. 如果对方语言沟通有限制的话慢慢说。
  用视觉或者肢体语言传达信息将会很有帮助。不要

3. 감정이입

개개인의 고객을 특별한 관계로 보며, 그들의 느낌에 민첩하게 반응을 보임. "제가 이해합니다."

4. 반응성

고객의 요구를 개별적으로 돌보아 드리며, 동료와 함께 그 일이 완성되도록 노력함. "고객을 도와드리게 되어 기쁩니다."

◆ 고객의 기대를 인지하고, 맞춰가기

1. 고객이 원하는 것을 읽어내기

예를 들면, 비즈니스맨은 매우 바빠 보인다.

2. 고객이 필요로 하는 사항을 결정하기

비즈니스맨은 빠르고 신속한 서비스를 원한다.

3. 고객이 요청하기 전에 먼저 고객이 필요로 하는 사항을 인지

아마 비즈니스맨은 제 시각에 깨워 주기를 원할 것이다. "아침에 깨워드릴까요?"

◆ 특별한 요청이 있는 고객에게 서비스하기

1. 외국인 투숙객

a. 외국인 고객이라는 것보다 국제인이라고 생각하자.
b. 언어소통이 잘 되지 않는 고객에게는 천천히 말하자. 시각적인 것이나 몸짓도 메시지를 전달하는 데 도움이 될 것이다.

大声说话。

c. 说明一下酒店可以提供的各种各样的外语服务。

2. 老年层客人

a. 要考虑眼睛看不清楚的老人。

b. 话要说的清晰清楚。

c. 要注意不要有肢体上的接触。

d. 提供出入方便和舒适的房间。

3. 残疾人客人

a. 熟知需要给残疾人客人提供的服务。

b. 熟知关于可以给残疾人客人提供的设施和服务。

c. 直接和残疾人客人说话。

d. 要考虑残疾人客人的能力。

e. 提供帮助。

큰 소리로 말하지 않도록 하자.

c. 호텔이 제공할 수 있는 다양한 외국어 서비스에 대해 설명하도록 하자.

2. 노년층 여행객

a. 눈이 잘 보이지 않음을 고려하자.
b. 말은 명확하게 구별하여 하자.
c. 육체적으로 활동이 자유롭지 못함을 알자.
d. 출입이 편안한 객실을 제공하자.

3. 장애인 고객

a. 장애인 고객을 위해 호텔이 제공해야 하는 서비스에 대해 숙지하고 있자.
b. 장애인 고객에게 제공할 수 있는 시설과 서비스에 대해 숙지하고 있자.
c. 장애인에게 직접 말할 수 있도록 하자.
d. 장애인 고객이 할 수 있는 것에 대해 고려해 보자.
e. 도움을 제공하자.

第四章

顾客关系服务

고객관리담당

顾客关系协调员 (GRO's Service)

고객관리담당서비스(GRO의 서비스)

GRO和客人在大厅见面，客人要求了许多服务。

G 客人　O GRO职员

◆ GRO的服务

G　我有事情要拜托你。

O　有什么可以帮助您的？

G　客房的钥匙好像坏了，你能帮我检查一下吗？

O　好的，我马上检查一下。

O　不好意思，钥匙坏了。我们再给您制作一张钥匙卡。

G　可以再给我的妻子一张吗？

O　好的，当然可以。给您。

O　除了昨晚客房钥匙坏了还有其他问题吗？

Situation 1

GRO가 고객과 로비에서 만나 대화를 나눈다. 고객은 다양한 서비스를 요청하고 있다.

G 고객 O GRO직원

◆ 고객관리담당서비스

G 부탁이 있는데요.

O 무엇을 도와 드릴까요?

G 객실 키가 고장인 것 같아요. 확인해 봐 주시겠어요?

O 예, 바로 확인해 보겠습니다.

O 죄송합니다. 고장이 났군요. 객실 키를 다시 만들어 드리겠습니다.

G 우리 집사람에게도 하나 만들어 주시겠어요?

O 예, 물론이죠. 여기 있습니다.

O 어젯밤 객실 키를 고치고 난 후에 문제는 없었죠? 혹시 문제가 발

如果有什么需要帮助的请随时联系我们。非常感谢。

G 没有其他问题了，谢谢。

G 我是2012号房间，房间的电灯不亮了，可以叫人来看一下吗？

O 先生，非常抱歉，我马上给您找修电灯的人。

G 打扰一下，APTA会议室在哪里？

O 会议将在2楼举行。

GRO的客人陪同服务 GRO의 고객안내 서비스

GRO在大厅迎接VIP客人并且陪同他去客房。

G 客人 O GRO职员

◆ GRP的客人陪同服务

O 您好！欢迎光临世界最佳微笑酒店。我是GRO朴瑞尼，我将陪同您去客房。

O 您有几件行李？等一下我叫传达员把您的行李送到房间。

생하면 언제든지 연락해 주시기 바랍니다. 대단히 감사합니다.

G 괜찮아요. 문제가 없습니다. 참 친절하시네요. 고맙습니다.

G 2012호실인데요, 객실 전등이 들어오지 않습니다. 누구 좀 보내 주시겠어요?

O 고객님, 대단히 죄송합니다. 제가 전등을 고칠 수 있는 사람을 곧 보내드리겠습니다.

G 죄송합니다. APTA 회의실은 어디에 있습니까?

O 말씀하신 행사는 2층에서 진행될 예정입니다.

Situation 2

GRO가 VIP 고객을 로비에서 맞이하여 객실로 안내한다.

G 고객 O GRO 직원

◆ GRO의 고객안내 서비스

O 안녕하십니까? 월드베스트스마일호텔에 오신 것을 환영합니다. 저는 GRO 서니 박입니다. 제가 고객님을 객실로 안내해드리도록 하겠습니다.

O 가방은 몇 개입니까? 조금 후에 벨맨이 가방을 객실로 가져갈 것입니다.

O 您的旅行怎么样？

G 我有一个很愉快的旅行，但是路上交通太拥挤了。

O 这样啊，您看着很疲惫。我陪同您去客房。

O 请这边走，您的房间在15层。

O 麦当劳先生，在这边。

G 全景真棒啊！

O 您的房间号是2020。

O 请您确认一下您的预订和地址对不对，请您在登记卡下方签名。

O 如果您有会员卡或者航空公司合作卡可以告诉我们一下卡号吗？

G 好的，我有大韩航空的卡。你们和大韩航空有共同的合作项目吗？

O 是的，2008年2月开始大韩航空和我们创建了共同的合作项目。您每个晚上可以得到500英里。

O 明早您需要叫醒服务吗？

O 여행은 어떠하셨습니까?

G 즐거운 여행이었지요. 그러나 오는 도중에 거리가 매우 복잡했습니다.

O 그렇지요. 참 피곤하시겠습니다. 제가 안내해 드리도록 하겠습니다.

O 이쪽으로 오시겠습니까? 고객님의 객실은 15층에 있습니다.

O 이쪽입니다. 맥도날드 씨.

G 전경이 참 좋네요.

O 고객님의 객실은 2020실입니다.

O 예약조건과 주소가 맞는지 확인해 주시기 바랍니다. 등록카드 하단에 서명을 해 주시겠습니까?

O 투숙 시 특별한 멤버십 카드나 항공사 제휴카드가 있으면 번호를 알려 주시겠습니까?

G 예, 저는 스카이패스 카드를 가지고 있습니다. 대한항공과 함께 운영하는 공동프로그램이 있나요?

O 예, 2008년 2월엔 대한항공과 우리 호텔체인의 전 호텔이 공동프로모션을 실시하고 있습니다. 고객님은 일일 체류마다 항공사의 마일리지를 500점씩 받게 됩니다.

O 내일 아침 모닝콜이 필요하십니까?

G 可以7点叫我吗？

O 好的，我告诉快捷服务部门7点叫您起床。

O 如果您需要车去机场请告诉我们。

O 谢谢，您好好休息。

G 谢谢。

高档酒吧间职员服务 귀빈층 라운지 컨시어지 서비스

高档酒吧间的职员迎接客人之后，带领客人就座，提供很多服务。

G 客人 C 服务员

◆ 高档酒吧间职员服务

C 史密斯先生，您好！

C 史密斯先生，请您写一下房间号码。

C 总共有几位？

G 总共四个人。

C 请您这边走。

G 아침 7시에 깨워 주시겠어요?

O 서비스 익스프레스 부서에 연락하여 아침 7시에 깨워 드리도록 하겠습니다.

O 내일 공항으로 가실 때 차량이 필요하면 말씀해 주시기 바랍니다.

O 감사합니다. 편히 쉬시기 바랍니다.

G 고맙습니다.

Situation 3

조식을 준비한 귀빈층 담당자가 고객을 맞이하고, 자리에 안내하며, 다양한 서비스를 제공한다.

G 고객 C 컨시어지

◆ 귀빈층 라운지 컨시어지 서비스

C 안녕하십니까? 스미스 씨.

C 스미스 씨, 객실번호와 서명을 부탁드립니다.

C 일행이 몇 분입니까?

G 4명입니다.

C 이쪽으로 오시겠습니까?

C 我们有美国本土自助早餐，您需要饮品吗？有咖啡和绿茶。

C 您还需要饮品吗？

C 打扰您一下，除您之外的客人需要另付食品和饮品钱。

高档酒吧间优惠时段服务 귀빈층 라운지 해피아워 서비스

晚上八点半一名客人在酒吧间优惠时段结束之后来到酒吧间的应对要领

G 客人 **S** 酒吧间服务员

◆ 酒吧间优惠时段服务

S 有什么可以帮助您的？

G 我想知道现在还是优惠时段吗？

S 非常抱歉营业时间已经结束了，我们在准备早餐。营业时间是从上午6点半到中午11点。

S 如果可以的话，我们可以免费给您橙汁和咖啡。

C 우리는 뷔페형의 대륙식 조찬을 준비하고 있습니다. 음료를 드시겠습니까? 커피와 녹차가 준비되어 있습니다.

C 음료를 더 드시겠습니까?

C 실례지만 고객님이 초청하신 외부고객께서 이용하신 식음료는 요금을 받게 됩니다.

Situation 4

20:30 Happy Hour 영업시간이 끝난 후 찾아온 손님에게 응대하는 요령

G 고객 S 귀빈층 라운지 컨시어지

◆ 귀빈층 해피아워 서비스

S 손님 어떻게 오셨습니까?

G 해피아워를 이용하고 싶은데 가능하겠습니까?

S 죄송합니다만 영업시간은 벌써 끝났습니다. 저희들은 아침 식사를 준비하고 있습니다. 영업시간은 오전 6시 30분부터 오후 11시까지입니다.

S 괜찮으시다면 오렌지 주스와 커피는 무료로 제공해 드릴 수 있습니다.

行政会议安排服务 귀빈층 회의실 준비 서비스

VIP客人向GRO和酒吧间服务员借会议室

G 客人 C 服务员

◆ 行政间职员服务

G 今天上午我和我的客人将要有一个简单的会议，可以借我用一下你们的会议室吗？

C 好的，在10层有雅座。行政间的客人可以免费用会议室两个小时。

C 您打算什么时候用会议室？然后请告诉我一下要参加会议的人数。

G 会议11点左右开始，6个人将会参加。

C 我确认一下会议室能不能用，请您稍等。

C 可以使用，我们将会为您预订11点到1点。如果超过两个小时每个小时会收取30000的费用。

Situation 5

GRO 또는 귀빈층 담당자에게 회의실을 빌려달라는 요청을 받게 된다.

G 고객 C 클럽 컨시어지

◆ 귀빈층 클럽라운지 컨시어지 서비스

G 오늘 오전에 나의 고객과 간단한 회의를 해야 하는데 적당한 공간을 빌려줄 수 있나요?

C 예, 10층에 별실이 있습니다. 귀빈층 고객께서는 소회의실을 2시간 동안 무료로 이용할 수 있습니다.

C 소회의실은 언제 쓰실 것인지요? 그리고 참석하실 인원수도 말씀해 주시기 바랍니다.

G 11시에 회의를 가지게 되고, 6명이 참석할 예정입니다.

C 별실 예약이 가능한지 확인을 해 보겠습니다. 잠시만 기다려 주시기 바랍니다.

C 좋습니다. 11시부터 2시간 예약을 해 두고, 준비를 하겠습니다. 2시간 이후는 매 시간당 30,000원을 징수하게 됩니다.

航空飞行服务信息 항공편 시간 안내

GRO和行政间的职员回答预订机票的问题

G 客人 C 行政间服务员

◆ 行政间职员服务

G 帮我确认一下我的航班可以吗？

C 请您详细的告诉我航班预订信息。

C 我可以复印一下你的机票吗？

C 航班信息确认的时候请您稍等一下，或者我确认好之后在您的客房给您留纸条？

C 您的航班信息是：10月28日20:05，首尔一多伦多，预订号码是310－0001，谢谢。

C 您有选座偏好吗？我先给您安排座位。

C 您想要怎么更改航班呢？只更改日期和时间吗？还是更改航空公司？

C 航班日期变更之后需要给您延长住宿吗？

G 市内的机票价钱比机场的便宜。

Situation 6

GRO 또는 귀빈층 담당자에게 항공예약이나 항공권에 대한 질문을 받게 된다.

G 고객 C 클럽 컨시어지

◆ 귀빈층 클럽라운지 컨시어지 서비스

G 저의 비행기 예약을 좀 확인해 주시겠습니까?

C 비행기 예약을 상세히 알려 주시기 바랍니다.

C 항공권을 복사해도 되겠습니까?

C 항공 스케줄을 재확인하는 동안 좀 기다려 주시겠습니까? 그렇잖으면 확인 후에 객실에 메시지를 남길까요?

C 고객님의 항공편은 아래와 같이 확인되었습니다. 10/28일 20:05 서울-토론토, 확인번호 310-0001입니다. 감사합니다.

C 선호하시는 좌석이 있습니까? 좌석 배치를 미리 해 두겠습니다.

C 고객님의 항공편을 어떻게 변경해 드릴까요? 날짜, 시간만 바꿔 드릴까요? 또는 항공사도 바꿔드릴까요?

C 변경하신 비행기 일정에 맞춰 숙박기간도 연장하시겠습니까?

G 항공권의 가격은 공항에서보다 시내에서 더 저렴하게 구입합니다.

第五章

特级咨询服务(电话接待员)

특급안내서비스(교환실 업무)

快捷服务 특급안내서비스

话务员处理进来的电话和叫醒电话

G 客人　E 快捷服务人员

◆ 接进来的电话

E 您好！世界最佳微笑酒店。有什么可以帮助您的？

G 你好，我是在釜山会展中心工作的朴先生。请你帮我连线一下1010。

E 您好！我是快捷服务李小姐，有什么可以帮助您的？

E 谢谢您的等待，我给您连线。

G 帮我连线一下客房预订。

E 为您连线预订部门，谢谢致电世界最佳微笑酒店。

E 如果可以的话，您告诉我一下客人的姓名。

Situation 1

교환실에 외부와 내부에서 오는 전화, 그리고 모닝콜을 처리하는 내용으로 구성되어 있다.

G 고객 E 특급안내서비스 직원

◆ 외부전화 받기

E 안녕하십니까? 월드베스트스마일호텔입니다. 무엇을 도와드릴까요?

G 안녕하십니까? 벡스코에 근무하는 박이라고 합니다. 1010호에 연결해 주시기 바랍니다.

E 안녕하십니까? 서비스 익스프레스, 이입니다. 무엇을 도와드릴까요?

E 기다려 주셔서 고맙습니다. 연결해 드리겠습니다.

G 객실예약과 좀 연결해 주시기 바랍니다.

E 예약부서에 연결해 드리겠습니다. 월드베스트스마일호텔에 전화를 주셔서 고맙습니다.

E 죄송합니다만, 투숙한 손님의 성함을 주시겠습니까?

E 不好意思，确认完客人姓名之后您再打过来可以吗？

E 用户正忙。

E 请再说一遍。

E 请您慢一点说。

E 请您大点声说。

E 对不起，没有那个客人的名字。

E 您拨打的号码有误。

G 你好，我是1020号房间的韦斯特。明早请7点半叫我起床。

E 韦斯特先生，早上好！您让我早上7点半叫您起床。天气预报说今天非常冷。祝您今天愉快。

E 史密斯先生，您好！您让我早上6点叫您起床。现在室外温度是12摄氏度(53.6华氏度)，今天白天最高温度是23摄氏度(73.4华氏度)。祝您今天愉快，谢谢。

E 您需要其他时间再叫您起床一次吗？

E 耳机好像没放对位置。

E 죄송합니다만, 고객님의 성함을 확인하신 후에 다시 전화를 주시겠습니까?

E 죄송하지만 통화 중입니다.

E 다시 말씀해 주시겠습니까?

E 천천히 말씀해 주시겠습니까?

E 조금 크게 말씀해 주시겠습니까?

E 죄송합니다만, 그런 성함을 가진 고객님은 안 계십니다.

E 전화를 잘못 거신 것 같습니다.

G 안녕하세요. 1020에 투숙하는 웨스트입니다. 내일 아침 7시 30분에 깨워 주시기 바랍니다.

E 안녕히 주무셨습니까? 웨스트 씨. 부탁하신 대로 7시 30분에 깨워드립니다. 일기예보에 의하면 오늘은 대단히 추울 것이라고 합니다. 좋은 하루 되십시오.

E 안녕하십니까? 스미스 씨, 6시에 깨워드립니다. 현재의 실외 온도는 섭씨 12도(화씨 53.6도)이고, 오늘 낮 최고온도는 섭씨 23도(화씨 73.4도)가 될 것으로 봅니다. 즐거운 하루 되시기 바랍니다. 고맙습니다.

E 다른 시각에 다시 한번 깨워드릴까요?

E 수화기가 잘못 놓여진 것 같습니다.

客房接受订单服务　룸서비스 주문받기

最近工作室接到客房服务的电话越来越多了。下面是接到客房服务订餐电话的对话过程

E 快捷服务人员　G 客人

◆ 订餐服务

G 我想喝一瓶葡萄酒，可以在房间里喝吗？

E 当然可以，红葡萄酒和白葡萄酒您要哪一种？

E 您要一杯酒还是一瓶酒？

G 订一杯酒和订一瓶酒有什么区别吗？

E 以价格来讲的话，订一瓶酒比订一杯酒划算。

E 我们酒的价格有从25000到125000不等的。

G 好贵啊，还是给我送5瓶喜力啤酒吧。

E 您想要什么下酒菜呢？

Situation 2

최근 교환실에서 룸서비스 주문을 받는 경우가 늘어가고 있다. 룸서비스 주문을 받는 과정에 대한 대화이다.

E 특급서비스 직원 G 고객

◆ 음식 주문받기

G 와인을 한잔하고 싶은데요. 객실에서도 마실 수가 있습니까?

E 예, 물론이죠. 레드와인과 화이트와인 중 어느 것을 하시겠습니까?

E 잔으로 하시겠습니까? 또는 병으로 주문하시겠습니까?

G 잔으로 주문하는 것과 병으로 주문하는 것의 차이는 무엇입니까?

E 가격 면에서 잔으로 주문하시는 것보다 병으로 주문하시는 것이 유리합니다.

E 가격은 25,000원에서 125,000원까지 다양하게 있습니다.

G 너무 비싸네요. 객실로 하이네켄 5병을 보내 주십시오.

E 맥주 안주는 무엇으로 하시겠습니까?

早餐接受订单服务 조식 주문받기 서비스

快捷服务部门接到了客房的早餐派送并且提供很多客人需要的服务。

G 客人 E 快捷服务人员

◆ 早餐预订

G 你好，我在房间里想订早餐，可以预订吗？

E 我们有美式早餐和欧式早餐，您想要哪一种？

G 我想要美式早餐。美式早餐的菜单都有什么？

E 美式早餐有果汁，谷物类，面包和吐司，鸡蛋，咖啡还有红茶。

E 您想要鸡蛋怎样做着吃呢？

E 在贵宾休息室吃早餐免费，但是如果您订餐送到房间是需要付钱的。

E 儿童不可以随便进入贵宾休息室。

E 非常抱歉，这个菜单只在早餐时间提供。

E 很抱歉您预订的餐食在菜单上没有。我去厨房问一下可不可以帮您准备。

Situation 3

서비스 익스프레스 부서에서 객실로 배달할 조식을 주문받게 된다. 또한 고객이 필요한 다양한 서비스를 제공하게 된다.

G 고객 E 특급서비스 직원

◆ 조식 주문

G 안녕하십니까? 객실에서 조식을 주문하고 싶은데, 주문을 받을 수 있습니까?

E 저희 호텔은 미식과 대륙식 조식을 제공합니다. 어느 것을 하시겠습니까?

G 미국식 조식이 좋을 듯합니다. 조식은 메뉴가 어떻게 되어 있지요?

E 미국식 조식은 주스, 곡물류, 빵과 토스트, 계란류와 커피 또는 홍차가 제공됩니다.

E 계란은 어떻게 요리해 드릴까요?

E 귀빈층 라운지에서 드시는 식사는 무료이지만, 룸서비스로 주문을 하시면 계산을 하셔야 합니다.

E 어린이는 귀빈층에 출입을 제한받게 됩니다.

E 죄송합니다. 이 메뉴는 아침에만 제공이 됩니다.

E 죄송합니다만 주문하신 것이 메뉴에는 없지만 준비가 가능할지 주방에 알아보겠습니다.

E 您的牛排要几分熟？

E 菜单的样式比较少，可以吗？

E 菜单上有早餐，午餐，晚餐。

E 制作时间有一点慢，大约需要15分钟，可以吗？如果不可以的话要换成其他的吗？

E 谢谢预订。

待洗衣物收集运送服务 세탁물 수거와 배달 서비스

以下是快捷服务部门接到的关于洗衣服务的对话

G 客人 E 快捷服务人员

◆ 送洗衣物派送

E 几点把衣服送到您的房间？

E 我们马上让职员送过去，把衣服放到门前可以吗？

G 我一点在市内有会议，可以帮我在一小时之内干洗西服和衬衫吗？

E 如果一小时之内洗完衣服，您需要支付双倍的费用。

G 好的，请帮我快点洗。

E 스테이크는 어떻게 구워드릴까요?

E 룸서비스 메뉴는 양이 적습니다. 괜찮으시겠습니까?

E 룸서비스 메뉴는 아침, 점심, 저녁 식사로 정해져 있습니다.

E 조리시간이 조금 더 걸립니다. 대략 15분 정도는 소요될 것입니다. 괜찮으시겠습니까? 그렇지 않으면 다른 것으로 주문하시겠습니까?

E 주문해 주셔서 고맙습니다.

Situation 4

서비스 익스프레스 부서에서 객실에서 주문받은 세탁물의 서비스에 대해 대화한다.

G 고객 E 특급서비스 직원

◆ 세탁물 배달

E 세탁물은 몇 시까지 객실로 보내드릴까요?

E 직원을 보내드리겠습니다. 세탁물을 문 앞에 놔 주시겠습니까?

G 13:30에 시내에서 상담이 있는데, 양복을 1시간 이내에 드라이 크리닝해 주고, 셔츠는 세탁을 해 줄 수 있나요?

E 1시간 내 제공되는 특급세탁 서비스는 100%의 요금이 가산됩니다.

G 좋습니다. 시간이 바쁘니 곧 부탁드립니다.

第六章

顾客服务

고객서비스

到达客人服务 도착고객 서비스

以下是酒店接待员迎接到达的客人的对话

G 客人　S 前台接待员

◆ 与来客交谈

S 雷恩宝先生，欢迎光临世界最佳微笑酒店。

S 我帮您停车。

S 您预订房间了吗？

S 我带您去前台接待处。

S 我帮您把包送到房间。

S 如果您有什么需要请联系我，我将会帮助您。

S 机场巴士在这里停车，每15分钟一班。

S 还有什么可以帮助您的吗？

S 我告诉您一下贵宾休息室的福利。

Situation 1

호텔에 도착한 고객을 맞이하여 안내하는 과정에서 일어나는 대화를 알아본다.

G 고객 S 고객서비스 직원

◆ 도착고객과 대화하기

S 레인보우 씨 월드베스트스마일호텔에 오신 것을 환영합니다.

S 제가 대리주차를 해 드릴까요.

S 예약하셨습니까?

S 프론트데스크로 안내해 드리겠습니다.

S 객실로 가방을 갖다드리겠습니다.

S 필요한 게 있으면 알려주십시요. 제가 도와드리겠습니다.

S 공항버스는 여기에 정차하는데, 매 15분마다 옵니다.

S 제가 도와드릴 것이 더 있습니까?

S 귀빈층 혜택에 대해 더 설명해 드리겠습니다.

G 可以帮我拿一下我的行李吗？

S 好的雷恩宝先生。

G 可以帮我的手机电池充一下电吗？

S 好的。

G 距离这附近最近的便利店在哪里？

S 您总共有几件行李？

S 我带您去前台接待处。

客房护送服务 객실안내 서비스

客人在前台完成登记之后，传达员带领客人去房间。在去房间的途中，传达员给客人介绍酒店设施和服务。

G 客人 **S** 前台接待员

◆ 带领客人去房间时的对话

S 我给您讲一下我们酒店可以用的设施。

S 您的左边是爱尔兰餐厅，在全景休息室您可以喝咖啡和果汁。

S 我们酒店有三个种类的餐厅。桃山日本餐厅在地下一层，半岛西餐厅在一层，韩式餐厅在二楼。

G 제 짐을 좀 가져다 주시겠어요?

S 예, 레인보우 씨. 곧 가져다 드리겠습니다.

G 제 휴대폰 배터리 충전을 좀 해주시겠어요?

S 예, 해 드리겠습니다.

G 여기서 가장 가까운 편의점이 어디 있나요?

S 가방은 몇 개입니까?

S 프론트데스크로 안내해 드리겠습니다.

Situation 2

고객이 등록을 마치고 난 후 Bell Attendant가 고객을 객실로 안내한다. Bell Attendant는 고객을 안내하여 객실로 가는 도중에 호텔의 시설과 서비스에 대해 고객에게 설명을 한다.

G 고객 S 고객서비스 직원

◆ 고객을 객실에 안내하면서 대화

S 저희 호텔의 이용시설에 대해 안내해 드리도록 하겠습니다.

S 고객님의 왼쪽에 오킴스 아이리쉬 풍의 식당이 있고, 커피와 주스를 마실 수 있는 파노라마 라운지가 로비층에 있습니다.

S 저희 호텔에는 3개의 식당이 있습니다. 모모야마 일식당은 지하 1층에, 페닌슐라 양식당은 1층에, 서라벌 한식당은 2층에 있습니다.

S 请给我看一下你的房间号可以吗？

S 这是您的房间。

S 我给您讲一下钥匙的使用方法。

S 把钥匙放进去再拔出来。

S 轻触钥匙锁表面。

S 房间灯在这儿和那儿。

S 小冰箱里面有冰镇饮料，酒，还有其他的。

S 空调遥控器在窗边。

S 你可以用这个遥控器来调节房间灯，空气循环，暖气，窗帘，电视，音乐等。

S 如果您想在房间使用网络，一个小时7000，或者一天16000。

S 地下一层有温泉，健身房和游泳池。

S 如果想去健身房，我们免费提供运动衫，裤子和跑鞋。

S 紧急情况时，可以通过左边和右边的走廊出去。

S 객실 번호 좀 보여 주시겠습니까?

S 여기가 고객님의 객실입니다.

S 키 사용법을 알려드리겠습니다.

S 키를 넣었다가 빼내어 주십시오.

S 키를 락 표면에 대어 주십시오.

S 객실등은 여기와 저기에 있습니다.

S 미니바에는 청량음료, 술과 그 밖의 음료들이 있습니다.

S 에어컨 조절기는 창가에 있습니다.

S 여기에 있는 이 리모콘으로 객실전등, 공기조절, 난방, 커튼, 텔레비전, 음악 등을 조절할 수 있습니다.

S 객실에서 인터넷을 사용하면 1시간에 7,000원, 하루에는 16,000원을 부과하게 됩니다.

S 지하 1층에 온천, 체력 단련실, 수영장이 있습니다.

S 체력 단련실에서 운동을 하실 경우, 셔츠, 바지, 신발을 무료로 빌려드립니다.

S 비상시에는 왼쪽과 오른쪽 복도를 통해 나가실 수 있습니다.

顾客服务 고객서비스

客人想游览釜山的旅游景点和市场，酒店给客人推荐了各种各样的交通信息。

G 客人 S 前台接待员

◆ 给客人推荐去市中心的出租车和公交车

G 我想问一下，怎样可以去市中心？

S 现在要去釜山市内的话做出租车大概需要40分钟，可以打车或者坐公交。

S 我建议您打车去。

S 您需要坐出租车吗？

S 到那儿需要一个小时。

G 地铁站在哪里？

G 我想去札嘎其市场，该怎么去？

S 沿着大街走就可以看到了。

S 对不起我们有不能收小费的规定。

S 以防万一我给您一张酒店的平片。

Situation 3

고객이 교통편을 이용하여 부산의 명승지, 시장 등을 둘러보려고 한다. 이 때 다양한 안내와 교통편을 추천할 수 있다.

G 고객 S 고객서비스 직원

◆ 시내로 가는 택시 또는 버스 추천하기

G 죄송하지만, 부산의 도심에는 어떻게 갈 수 있나요?

S 지금 가시려면 부산시내까지 택시로 약 40분 정도가 소요될 것입니다. 택시나 버스를 타실 수도 있습니다.

S 저는 택시를 권해 드리고 싶습니다.

S 택시를 타시겠습니까?

S 거기까지는 택시로 1시간 걸립니다.

G 지하철역은 어디에 있습니까?

G 자갈치 시장을 가고 싶습니다. 어떻게 갈 수 있을까요?

S 큰 도로로 나가시면 쉽게 찾을 수 있습니다.

S 죄송하지만 우리는 규정상 팁을 받을 수가 없습니다.

S 만약을 위해 택시 신고카드를 드리겠습니다.

顾客信息服务 고객안내서비스

可以在前台接待处发生的对话

G 客人 S 前台接待员

◆ 给客人提供各种各样的信息

G 你好，可以帮我连线一下管理部的电话吗？

S 我帮您连线一下您说的部门。

S 我可以告诉她是谁的电话吗？

S 您想让谁接电话呢？

G 请帮我连线值班经理。

S 她现在不在，需要留消息给她吗？

S 需要我告诉她给您回电话吗？

S 请问谁还要来？

S 您因为什么事情来韩国呢？

S 您来韩国多久了？

S 您在找什么？

G 我在找礼品商店，酒店里有商店吗？

S 有的，地下二层有奢侈品商店，您可以乘坐对面的电梯。

Situation 4

호텔 컨시어지 데스크에서 있을 수 있는 대화

G 고객 S 고객서비스 직원

◆ 호텔고객에게 제공하는 다양한 안내서비스

G 안녕하십니까? 관리부 좀 바꿔주십시오.

S 고객님께서 말씀하신 부서로 연결해 드리도록 하겠습니다.

S 누구시라고 전해 드릴까요?

S 누구를 바꿔드릴까요?

G 당직지배인 좀 연결해 주십시오.

S 그녀는 자리에 안 계십니다. 메시지를 남겨 드릴까요?

S 전화해 드리라고 할까요?

S 누가 더 오십니까?

S 무슨 일로 한국에 오셨습니까?

S 한국에 오신 지 얼마나 되었습니까?

S 무엇을 찾고 계십니까?

G 선물가게를 찾는데요. 호텔 내에 가게가 있나요?

S 예, 지하 2층에 멋진 가게가 있습니다. 저 건너편 엘리베이터를 이용하시면 됩니다.

S 我们这儿刚好有一件东西很适合您。

S 这个卖的很火。

S 除了这个还有其他需要的吗？

S 这个是很难买的东西。

해운대 해수욕장

부산 해운대구에 위치한 해운대 해수욕장은 넓은 백사장과 아름다운 해안선을 자랑하고 있으며 얕은 수심과 잔잔한 물결로 해수욕장의 최적 조건을 갖추고 있다. '부산' 하면 제일 먼저 떠올리는 곳이 해운대 해수욕장이라고 할 만큼 부산을 대표하는 명소이며, 해마다 여름철 피서객의 규모를 가늠하는 척도로 이용될 만큼 국내 최대 인파가 몰리는 곳이기도 하다. 특히 해안선 주변에 크고 작은 빌딩들과 고급 호텔들이 우뚝 솟아 있어 현대적이고 세련된 분위기의 해수욕장으로 유명하기 때문에 여름 휴가철뿐만 아니라 사시사철 젊은 열기로 붐비고 해외 관광객들에게도 잘 알려져 있어 외국인들이 많이 찾는 곳이다.

▶교통 : 도시철도 2호선 해운대역(3, 5번 출구) → 해운대 해변로 방면 600m
▶홈페이지 : http://sunnfun.haeundae.go.kr

S 고객님께 딱 맞는 물건이 있습니다.

S 그것은 불티나게 팔립니다.

S 그것은 아주 싸게 사시는 겁니다.

S 그 밖에 필요하신 것은 없으신지요?

S 그것은 구하기가 어려운 물건입니다.

顾客投诉回应 고객불평에 대응하기

客人退房的时候提出了很多不满，前台职员在回应这些状况

G 客人 A 前台接待

◆ 客人退房时的不满

A 您好奥巴马先生，有什么可以帮助您的？

G 你好，我要退房。

A 我们以为您还要多住两晚。

G 嗯，是的。但是我决定今天走。

A 希望您不是因为我们酒店服务不好而退房的...

G 事实上我不太满意酒店的服务。

A 很抱歉奥巴马先生。您可以说一下因为什么事情不愉快吗？

G 好吧。第一，房间的清扫不干净，排水孔有头发，洗脸池上面有灰尘。

A 我将会把这件事情告诉给值班经理，为了不再发生这样的事情我们将会做万全的准备。

Situation 5

고객이 퇴숙하면서 체류기간에 있었던 여러 가지 불만을 털어 놓고, front desk agent 가 이에 대응하고 있는 상황

G 고객 A 객실영업 담당직원

◆ 고객이 퇴숙할 때 불편했던 점에 대해 듣기

A 안녕하십니까? 오바마 씨. 무엇을 도와 드릴까요?

G 안녕하십니까? 퇴숙을 하려고 합니다.

A 저희는 오바마 씨가 2일간 더 계시는 것으로 알았습니다.

G 예, 그랬지요. 그러나 오늘 출발할 예정입니다.

A 저희들의 서비스가 좋지 않아서 조기 퇴숙하시는 것은 아니길 바랍니다만 ….

G 실은 서비스가 좋지 않아 기분이 언짢았습니다.

A 죄송합니다. 오바마 씨, 무슨 일로 기분이 그렇게 상하셨는지 말씀해 주시겠습니까?

G 먼저 방 청소가 제대로 되어 있지 않았어요. 하수구엔 머리카락이 있고, 세면대엔 먼지가 그대로 있었어요.

A 당직지배인에게 보고하도록 하겠습니다. 그리고 이런 일이 다시 일어나지 않도록 만전을 기하겠습니다.

G 然后有些职员不会说英语告诉了我错误的信息，所以导致我的日程混乱。

A 非常抱歉，我们将会好好训练员工。我会把这些告诉部门主管。

G 还有就是房间有奇怪的味道，我觉得是暖气机的味道。

A 是的，是暖气机。

G 对，我是这样认为的。真是特别奇怪的味道…

A 我们以前从没有过那样的问题，但是我会报告给值班经理尽快采取措施。还有其他的问题吗？

G 没有了，你们以后应该多注意细节。

A 奥巴马先生，我们能请求您再住两晚可以吗？我们给您换到其他的房间，给你优惠。并且我们将会为您提供完美的服务。希望您再给我们一次机会。

G 好吧，那我接受你们的道歉。给我换另一个房间吧，也感谢你们的用心。

A 不用客气，谢谢您接受我们的道歉。祝您住得愉快！

G 또한 직원들이 영어를 잘 못하여 안내를 제대로 해 주지 않아 나의 일정에 차질이 빚어졌어요.

A 죄송합니다. 교육을 잘 시키도록 하겠습니다. 물론 부서장에게 보고를 하도록 하겠습니다.

G 마지막으로 방에 이상한 냄새가 나던데, 내 생각으로는 히터에서 나는 것 같았어요.

A 오바마 씨, 히터에서라고요.

G 예, 그렇게 생각합니다. 이상한 타는 냄새랄까….

A 전에는 그런 일이 전혀 없었는데, 이것도 당직지배인에게 보고하여 조치를 취하도록 하겠습니다. 그 밖에 다른 것은 없습니까?

G 이제 됐어요. 그렇지만 좀 더 신중을 기하셔야 할 겁니다.

A 오바마 씨, 일정대로 더 머무시면 안 되겠습니까? 저희가 다른 편에 있는 방으로 옮겨드리고, 할인도 더 해드리도록 하겠습니다. 또한 완벽한 서비스를 제공하도록 하겠습니다. 저희에게 다시 기회를 주시기 바랍니다.

G 그럼 당신의 사과와 제안을 받아들이도록 하지요. 다른 방으로 주시지요. 주의를 기울여 주어 고맙습니다.

A 천만에요. 저의 제안을 받아 주셔서 고맙습니다. 즐거운 체류가 되시기 바랍니다.

健身房，温泉，游泳池

체육관, 온천, 수영장

健身房，温泉 체육관과 온천 사우나

客人为了去健身房和温泉，正在朝水疗中心前台走去。

G 客人 H 健身房，温泉桑拿服务员

◆ 健身房和温泉桑拿服务员迎接客人

H 您好！欢迎光临威尼斯俱乐部。

H 我们健身房在韩国是最好的，有体育馆，游泳馆，男女桑拿室。在2层有室外日光浴。

G 营业时间是几点？

H 营业时间从上午6点到下午10点。

H 您打算用我们的设施吗？可以告诉一下您的房间号吗？

H 我们的俱乐部是会员制的，只有会员和房间客人才可以进入。

Situation

고객이 호텔의 부대시설인 헬스장과 온천을 이용하기 위해 스파 데스크로 다가오고 있다.

G 고객 H 체육관, 온천 사우나 담당직원

◆ 체육관과 온천 사우나 고객 맞이하기

H 안녕하십니까? 베네치안 클럽에 오신 것을 환영합니다.

H 저희 피트니스 센터는 우리나라에서 최고의 스포츠클럽으로서 체력 단련실, 수영장, 남여 사우나가 있습니다. 2층에 가시면 일광욕을 할 수 있는 공간도 마련이 되어 있습니다.

G 영업시간이 어떻게 됩니까?

H 이용시간은 오전 6시에서 오후 10시입니다.

H 클럽을 이용하시겠습니까? 죄송하지만 객실번호를 좀 알려 주시기 바랍니다.

H 저희 클럽은 회원제로 운영되므로 회원과 객실 고객만 입장이 가능합니다.

H 请在登记表上面写一下您的姓名和房间号。

H 可以给我看一下您的房间钥匙吗？

G 费用是多少？

H 温泉浴场需要收费，但是我们给房间客人有50%的优惠，每人是16500。

H 未满13岁的儿童只可以使用游泳池。

H 您今天打算用哪一个设施？

H 贵重物品要保存在服务台。

H 很抱歉，您不可以把外面的食物带进我们俱乐部。如果您想要食物或者饮料可以向餐饮部预订，拨打0号键。

H 您需要身体去角质霜吗？身体去角质霜包括在桑拿里面，一次是18000。

H 您需要按摩服务吗？在桑拿室是男服务员提供服务，在理发店是女服务员提供按摩服务。您想要哪一种？

H 您需要按摩服务吗？您可以在桑拿室按摩或者在美容院按摩。

G 有按摩服务吗？

H 성함과 객실번호를 이 기록장에 기입해 주시기 바랍니다.

H 객실 키를 보여 주시겠습니까?

G 요금은 얼마를 냅니까?

H 온천은 요금을 받습니다. 그러나 객실손님에게는 50%의 할인 혜택을 드려서 16,500원을 받습니다.

H 저희 클럽은 13세 미만의 어린이는 수영장만 이용이 가능합니다.

H 오늘은 어느 시설을 이용하시겠습니까?

H 귀중품은 리셉션 데스크에 꼭 맡겨 주시기 바랍니다.

H 죄송하지만 저희 클럽 내에는 외부의 음식을 반입할 수 없음을 말씀드립니다. 혹시 식음료를 필요로 하시면 룸서비스에 주문을 해 주시기 바랍니다. 0번에 전화하시기 바랍니다.

H 바디 스크러빙 서비스를 원하십니까? 바디 스크러빙 서비스는 사우나 내에서 제공되며, 요금은 1회에 18,000원입니다.

H 마사지 서비스를 원하십니까? 사우나에서는 남자직원이 서비스를 제공하고, 이발소에서는 여자직원이 마사지 서비스를 제공합니다. 어느 것을 원하십니까?

H 마사지를 원하십니까? 사우나에서 제공하는 것과 미용실에서 제공하는 것이 있습니다. 어느 것을 선호하십니까?

G 마사지 서비스를 받을 수 있나요?

H 有的，我们俱乐部提供按摩服务和身体去角质。您可以选择男服务员或女服务员。

G 有多长时间？

H 身体去角质大概是20分钟，按摩大概是40分钟。

G 可以在30分钟以后帮我安排服务吗？

H 很抱歉今天的预约已经截止了，明天可以吗？

H 请您一定要穿泳衣和泳帽。

G 在哪里可以租泳帽？

H 我们这里不租泳帽，只卖泳帽。

H 在体育馆一定要穿运动服和运动鞋。

H 您需要运动服和运动鞋吗？

H 我们有运动服和运动鞋可供出租。

H 运动服在服务台可以租，运动鞋在体育馆的鞋柜。

H 예, 저희 클럽은 마사지 또는 바디 스크러빙 서비스를 제공할 수 있습니다. 남녀 종업원이 제공하는 서비스를 받을 수 있습니다.

G 시간은 얼마나 걸리나요?

H 바디 스크러빙 서비스는 약 20분, 마사지 서비스는 약 40분이 소요됩니다.

G 30분 후에 서비스를 받을 수 있겠습니까?

H 죄송합니다만 오늘은 예약이 마감되었습니다. 내일 이용하시는 것이 어떨지요?

H 수영복과 수영모를 반드시 착용하여 주시기 바랍니다.

G 수영모를 어디에서 빌릴 수 입습니까?

H 수영모는 빌려드리지 않고 판매를 하고 있습니다.

H 체력 단련실에서는 운동복과 운동화를 착용하셔야 합니다.

H 운동복과 운동화는 필요하십니까?

H 운동복과 운동화는 빌려드리고 있습니다.

H 대여용 운동복은 리셉션 데스크에 비치되어 있으며, 대여용 운동화는 체력 단련실의 신발장에 있습니다.

客房服务(房间清洁)

하우스키핑 서비스

房间清洁服务　객실정비서비스

客房地勤人员敲门想要打扫卫生。一般来讲，客房地勤人员进入客房时为了防止房间内客人发生惊慌，应该反复说:“我可以进来吗?”

G 客人　R 客房地勤人员

◆ 客房地勤服务

R　我是客房地勤，可以进来吗？
(客人把门打开并且让她进来。)

R　您好！如果有什么需要请告诉我。现在可以清扫吗？我们酒店正在实行绿卡服务。

G　嗯，我知道。那今天和明天可以选择绿卡服务吗？

R　客房清扫需要20分钟。

G　请给我要洗的衣服用普通的清洗方法，给把的白衬衫浆硬。

R　好的，知道了。今天下午5点洗好。

G　谢谢。

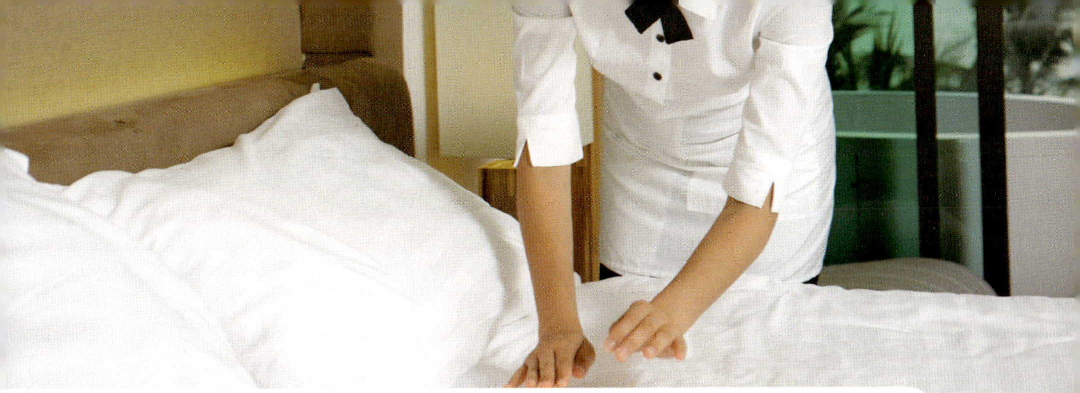

Situation 1

객실을 청소하기 위해서 객실정비원이 고객의 방문을 노크한다.
일반적으로 객실정비원은 객실에 들어 갈 때 객실내부의 고객이 당황하는 상황을 피하기 위해 문이 열려 있더라도 "들어가도 좋습니까?"라는 말을 여러 번 반복하여 하게 된다.

G 고객 R 객실정비원

◆ 객실정비서비스

R 객실정비원입니다. 들어가도 되겠습니까? (고객이 객실의 현관문을 열고 들어오게 한다.)

R 안녕하십니까? 필요하신 것이 있으시면 저에게 알려 주시기 바랍니다. 지금 청소를 하여도 좋겠습니까? 저희 호텔에서는 그린카드 서비스를 실시하고 있습니다.

G 예, 알고 있어요. 그럼 오늘과 내일 그린카드 서비스를 택하겠습니다.

R 객실 청소는 20분쯤 소요됩니다.

G 보통 서비스로 세탁물을 좀 부탁합니다. 와이셔츠는 풀을 가볍게 해주기 바랍니다.

R 예, 알겠습니다. 오후 5시에 완성됩니다.

G 고맙습니다.

夜床服务和客人需求 객실정비원의 부수적인 업무와 고객 대응

地勤客房人员工作结束之前再一次进入客房做夜床服务，并且把客房的生活设施再填满。进房间的时候地勤服务人员叫客人的名字并且打招呼。

R 客房地勤人员 G 客人

◆ 客房地勤人员服务

R 您好！可以进来吗？

R 如果进不介意的话我将给您做夜床服务并且把您用的生活设施填满。如果您在客房后勤有什么需要的请您告诉我。

G 好的，请。

R 夜床服务做完了，您还有其他需要吗？

G 嗯…可以给我妻子一个毯子吗？

R 好的，马上从客房后勤给您拿来。

G 房间里有直接可以喝的热茶吗？

R 有的，我马上给您准备个人的茶具。

G 谢谢，服务很好！

R 不客气，祝您有个愉快的夜晚！

Situation 2

객실정비원이 업무를 마감하기 전, 담당 객실에 들러서 턴다운 서비스와 편의품 추가 비치 업무를 진행한다. 객실에 들어가면서 고객의 성함을 부르면서 인사를 한다.

R 객실정비원 G 고객

◆ 객실정비원 서비스

R 안녕하십니까? 들어가도 되겠습니까?

R 괜찮으시다면, 턴다운 서비스와 고객용 편의품을 보충하려고 합니다. 그리고 객실관리부서에서 도와드릴 것이 있으면 말씀해 주시기 바랍니다.

G 예, 그렇게 하십시오.

R 턴다운 서비스를 마쳤습니다. 더 필요하신 것이 있으신지요?

G 저~, 집사람을 위해 담요가 조금 더 있으면 좋겠습니다.

G 예, 하우스키핑에서 곧 가져다 드리도록 하겠습니다.

G 객실에서 따뜻한 차를 직접 준비해서 마실 수 있습니까?

R 예, 가능합니다. 개별 티 세트를 준비해 드리도록 하겠습니다.

G 고맙습니다. 멋진 서비스이네요.

R 천만예요. 편안한 저녁시간 보내시기 바랍니다.

管家接受订单服务 하우스키핑 고객요청 접수서비스

有一个客人投诉电话和服务请求电话在客房后勤部门。

G 客人 O 客房部文员

◆ 客人请求

O 您好！我是客房部李女士，有什么可以帮助您的？

G 有一些问题在我的房间2124。首先，房间里有一点冷，然后电视有故障。你可以叫人来我的房间吗？

O 我将派修理工和后勤人员去您的房间。您等待的时候自己先调节一下温度可以吗？

G 谢谢。

O 不客气，他们马上就到了。祝您过得愉快！

Situation 3

객실관리부에서는 고객의 불평과 체류 중 발생하는 서비스를 접수하기 위한 접수요원 직책이 있어 고객으로부터 전화로 주문사항을 받아서 기록한다.

G 고객 O 하우스키핑 고객요청 접수요원

◆ 고객요청

O 안녕하십니까? 객실관리부 미스 리입니다. 무엇을 도와드릴까요?

G 예, 객실 2124에서 문제가 있습니다. 우선, 객실이 좀 추운 편입니다. 그리고 TV가 잘 나오지 않습니다. 누구를 보내서 손봐주시기 바랍니다.

O 수리담당과 하우스키퍼를 보내겠습니다. 기다리시는 사이 손님께서 객실 온도 조절기를 먼저 조절해 보시겠습니까?

G 고맙습니다.

O 천만에요. 그들이 곧 도착할 것입니다. 즐거운 하루되시기 바랍니다.

遗失物品寻找服务 분실물 보관 서비스

客人和酒店服务人员见面，并且告诉他们妻子的戒指找不到了。酒店服务人员告诉客人别担心，客房后勤部门会帮他们找。

H 酒店工作人员 G 客人

◆ 遗失物品找寻服务

H 杰克逊先生，您好，您今天怎么样？

G 嗯…昨晚房间太冷了现在感觉不太好。

H 太糟糕了，您联系客房后勤部门了吗？

G 没有，再加上我的妻子在酒店丢了戒指，现在还没找到。

H 杰克逊先生，我马上联系客房后勤部让员工帮您找，可以告诉您的房间号吗？

G 我的房间是1123。

H 我们酒店的失物招领制度很完善，所以请您耐心等待不要担心。

G 那么就这样吧。

Situation 4a

객실고객이 호텔직원을 만나서 서로 인사를 하는 도중 아내의 반지를 잃어버린 사실을 털어 놓고 걱정하고 있다. 호텔 직원은 고객을 안심시키고, 하우스키핑에 확인해서 고객의 분실물을 찾아 드린다.

H 호텔직원 G 고객

◆ 분실물 보관 서비스

H 잭슨 씨, 안녕하십니까? 오늘 어떠세요?

G 저~. 어젯밤 객실이 추워서 지금 별로 좋지 않네요.

H 뭔가 잘못되었군요. 객실관리부서에는 연락을 하셨습니까?

G 아니오, 게다가 설상가상으로 집사람이 호텔 내 어디에서 금반지를 잃어 버렸습니다. 지금껏 찾지 못하고 있어요.

H 잭슨 씨, 하우스키핑 담당자에게 연락하여 분실물 대장부터 확인해 보도록 하겠습니다. 객실번호를 좀 알려 주시겠습니까?

G 저는 객실 1123에 있습니다.

H 우리 호텔의 분실물처리제도가 잘 되어 있어서 염려하지 않으셔도 될 것입니다. 너무 걱정하지 마시기 바랍니다.

G 그렇게 해 주시기 바랍니다.

遗失物品寻找服务 분실물 보관 서비스

几分钟后客房后勤部找到了金戒指并且联系了客人。

H 酒店工作人员 G 客人

H 我昨天找到了丢失的戒指，我给您带到房间，您确认一下。

G 太好了，我的妻子一定很高兴因为那个戒指是生日礼物。

洗衣服务 세탁서비스

客房后勤部门有水洗，干洗，熨烫服务。为了客人有两小时加急服务和普通服务，酒店之外的客人也可用。

G 客人 V Valet order taker

◆ 洗衣人员

V 您好！我是洗衣服务人员江女士，有什么可以帮助您的？

G 我的房间2134有衣服要洗。

V 请您填一下洗衣申请表，签名之后把所有需要洗的衣服放进洗衣袋里，然后放在房间门外。

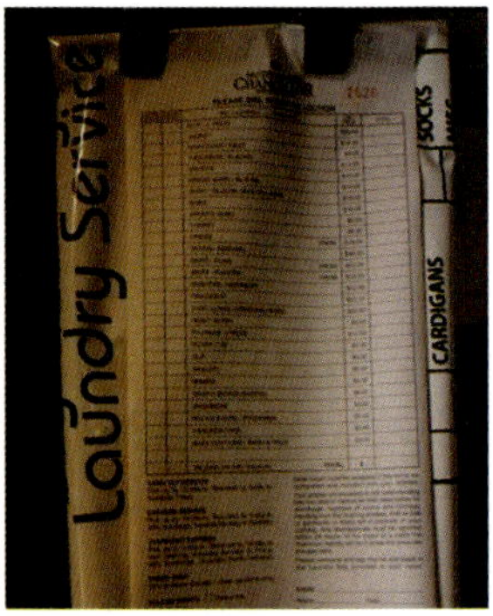

Situation 4b

몇 분 후에 그는 객실관리부서에 분실물을 확인하여 금반지가 있음을 확인하고, 고객에게 연락을 한다.

H 호텔직원 G 고객

H 어제 금반지가 분실물로 접수된 것이 있습니다. 제가 객실에 가지고 가도록 하겠습니다. 확인해 주시기 바랍니다.

G 찾았다니 다행입니다. 아내의 생일 선물인데 매우 기뻐할 것 같습니다.

Situation 5

하우스키핑 부서에서는 물세탁, 기름세탁, 다림질을 해주는 세탁서비스가 있다. 2시간 긴급서비스와 보통서비스가 투숙객을 위해서 가능하다. 또한 외부고객을 위한 세탁 서비스도 가능하다.

G 고객 V 세탁물 주문담당자

◆ 세탁물 배달 서비스

V 안녕하십니까? 세탁서비스 강입니다. 무엇을 도와드릴까요?

G 예, 객실 2134에 세탁물이 좀 있습니다.

V 세탁 요청서를 기입하여 주시기 바랍니다. 그리고 서명하신 후에 세탁물을 모두 세탁물 자루에 담아서 객실문 밖에 놓아 주시기 바랍니다.

G 好的，我知道了。

V 您有需要两小时内洗完的衣服吗？

G 没有，下午6点之前洗完就可以。

有关客房服务的对话 하우스키핑 서비스에 대한 대화

在客房后勤部工作人员和客人发生的对话大部分和以下一样。

G 客人　H 客房后勤部人员

◆ 客人请求

H 欢迎光临世界最佳微笑酒店。

H 现在给您打扫房间吗？

H 过一会给您打扫房间？

H 您需要什么时候给您打扫房间？

G 我下午两点将要出去，5点回来。这期间请帮我打扫房间。

H 好的，知道了。除此之外还有其他需要的吗？

H 马上给您打扫房间。

G 예, 그렇게 하겠습니다.

V 혹시 2시간 내 서비스를 원하는 품목이 있습니까?

G 아니오. 오후 6시까지 보통서비스로 세탁해 주시기 바랍니다.

Situation 6

객실관리부서 직원들은 고객이 체류하는 도중 대화를 할 수 있는데, 대부분 아래와 같은 대화를 하게 된다.

G 고객 H 하우스키핑 직원

◆ 고객요청

H 월드베스트스마일호텔에 오신 것을 환영합니다.

H 지금 객실정비를 해 드릴까요?

H 객실정비를 나중에 할까요?

H 언제쯤 객실정비를 해 드릴까요?

G 오후 2시에 외출할 예정입니다. 5시에 돌아올 예정이니 그동안 정비를 좀 해 주시기 바랍니다.

H 잘 알겠습니다. 그 외에 필요하신 것은 없습니까?

H 곧 정비를 해 드리도록 하겠습니다.

H 房间已经打扫完毕。

H 还有其他需要吗？

H 把这个拔出来可以吗？

H 您今天几点退房？

H 您需要夜床服务吗？

H 需要我给您准备婴儿床吗？

H 我给您加冰。

H 这里是禁烟楼层。

H 您来自哪里？

H 从这边走就可以看到电梯。

H 很抱歉，这是我们的失职。

H 您先走。

H 您今天过得好吗？

H 祝您有一个愉快的旅行。

H 祝您愉快，晚安。

H 막 그 객실의 청소를 끝냈습니다.

H 필요한 것이 더 있습니까?

H 이것을 빼내어도 될까요?

H 오늘 몇 시에 퇴숙하시겠습니까?

H 턴다운 서비스를 해 드릴까요?

H 아기 침대를 넣어 드릴까요?

H 얼음을 채워드리겠습니다.

H 여기는 금연층입니다.

H 어디에서 오셨습니까?

H 이쪽으로 가시면 엘리베이터가 나옵니다.

H 죄송합니다. 그것은 저의 실수입니다.

H 고객님이 먼저 가시지요.

H 오늘 즐겁게 보내셨습니까?

H 즐거운 여행 되십시오.

H 편안한 시간이 되시기 바랍니다.
편히 쉬시기 바랍니다.

感谢信

2014年2月

对于我们在世界最佳微笑酒店入住之前和入住期间所接收到的服务我想表示深深的感谢。我真心的感谢我来到世界最佳微笑酒店热情地欢迎我，毫无保留的投入了很多的时间和精力的前台接待员。实际上，我们选择世界最佳微笑酒店作为我们的结婚场地有一半的原因就是工作人员的亲切感和温暖。剩下一半原因就是漂亮的套房。你们的建议和细心的考虑对我们的婚礼准备有很大的帮助，参加婚礼的所有客人都对会客厅感受很深。

豪华套房非常完美。不仅仅给所有参加完婚礼的客人们提供了充分的享受空间，并且所有的设施准备得非常好，我的朋友们都以为我花的费用远比我实际花的多。客人们可以坐的地方很多，有两个卫生间所以每个人都可以充分的使用。而且，进入我们房间的时候免费提供的水，化妆品，报纸，咖啡和茶，和没有涉及到的出色的清扫服务都让我感觉很舒心。

2014년 2월

저희가 월드베스트스마일호텔에 오기 전 그리고 머무는 동안 우리가 받은 특별한 서비스에 대하여 깊은 감사를 드립니다. 저희들이 월드베스트스마일호텔에 온 것에 대해 반갑게 맞아주시고 편안하게 느끼도록 모든 시간과 에너지를 아낌없이 투입해 주신 당신과 프론트데스크 직원들에게 진심으로 감사를 드립니다. 사실은 모든 직원들의 친절함과 따뜻함은 저희들이 월드베스트스마일호텔을 저희의 결혼식장으로 선택한 이유의 절반에 불과합니다. 나머지 절반은 로열코트 스위트와 셔우드 룸에 드리고 싶습니다. 당신의 제안과 세심한 배려는 저희들이 셔우드 룸에서 예식을 준비하는 데 많은 도움이 되었고, 참석한 손님전원이 호텔과 객실 상태에 대해 깊은 감명을 받았습니다.

로열코트 스위트는 완벽했습니다. 참석한 모든 손님들이 예식 후 모여서 즐기기에 충분한 공간을 제공하였을 뿐만 아니라, 모든 시설이 잘 준비되어 있어 제 친구들이 제가 지출한 비용보다 더 많이 지출했을 것이라는 생각을 할 정도였습니다. 손님들이 앉을 수 있는 곳도 충분했고, 두 개의 화장실은 모든 손님이 이용하기에 충분했다고 생각합니다. 또한 저희가 객실에 들어왔을 때 무료로 제공되는 물과, 화장품류, 그리고 신문 등은 커피와 티 그리고 완벽한 청소서비스를 언급하지 않더라도 마음껏 즐길 수 있어 무척 즐거웠습니다.

我们有一点后悔的就是我们没有住的太久来享受舒适的环境。包括你和我在酒店遇见的所有工作人员都竭尽全力给予我们客人仔细和亲切的照顾。在世界最佳微笑酒店住的这一周时间感觉很舒服，心里很温暖，这是我之前从来没有体验过的。真心感谢酒店可以把我们的婚礼准备的这样完美。下一次结婚纪念日的时候我们还会在你们酒店预订，

再一次感谢。

梅勒妮&乔尔

한 가지 후회되는 점은 저희들이 호텔의 편안함을 즐기기 위해 좀 더 오래 머물렀으면 했지만 그러지 못했다는 것입니다. 당신을 포함해서 호텔에서 만난 모든 직원들이 꼼꼼하고 친절하게 저희와 손님들에게 주의를 기울여 주셨습니다. 이번 주의 월드베스트스마일호텔에서의 경험은 긍정적이고, 편안하고, 마음껏 즐길 수 있었다는 측면에서 이전에 경험해 보지 못한 것 이었습니다. 저희의 결혼식 주말을 멋있게 만들어 주신 것에 대해 진심으로 감사드립니다. 다음에도 우리들의 결혼기념일을 위해 다시 예약을 해야 할 것 같습니다.

다시 한번 감사드립니다.

멜라니와 조엘

2014年2月15日

我不确定酒店是否符合我个人的特征，但我知道酒店其他的设施，标准和预期和我所期待的都很完美，在入住的这几天我非常满意。

世界最佳微笑酒店是非常优秀的酒店。希望你们继续如此不要变，特别是设施齐全的，舒服的浴室。

尽管凌晨四点被火警报警器吵醒，不得不跑下去九个阶梯，在我入住期间我对酒店全部的印象都是很积极的。

谢谢。

杰拉尔德

2014년 2월 15일

저는 저의 개성이 당당하기도 하고, 혹은 시대를 초월하는 특징을 가지고 있는지에 관해서는 확신을 가지고 있지 않습니다만, 제가 추구하는 것으로 품질, 표준 그리고 기대치가 최근 호텔에서의 체류가 완벽하고 충분하게 충족되었다는 것은 확신합니다.

월드베스트스마일호텔은 매우 훌륭합니다. 절대 아무것도 바꾸지 마시기 바랍니다, 특히 잘 정돈되고, 편안한 욕실은 그대로 두시기 바랍니다.

화재 경보 소리에 새벽 4시에 깨어, 9개 층의 계단을 뛰어 내려가야만 했음에도 불구하고 전체적인 저의 호텔 체류는 상당히 긍정적이었습니다.

감사합니다.

제랄드

2014年11月10日

对于去年11月第四个周末在酒店入住的期间给我亲切的服务的全体工作人员想给予深深的感谢。所有的工作人员都热情地欢迎了我们，就像在家的感觉。没有任何的请求，但是我想真心感谢包括你在内的所有工作人员，前台接待员，门卫。

正如我所说的，我是为了参加首尔朋友的婚礼所以来到了釜山。我在世界最佳微笑酒店入住的期间让我感觉很特别。

如果我下次再来釜山还会在世界最佳微笑酒店预订房间。祝贺你有这么杰出的员工，再次感谢。

非常感谢。

托马斯&芭芭拉

2014년 11월 10일

지난 11월 넷째 주말에 호텔에 머무는 동안 친절하게 서비스를 해 주신 당신과 직원들에 대해 감사를 드립니다. 모든 직원들이 저희들을 환영해 주셨고 마치 멀리 있는 또 다른 집에 머무는 것 같았습니다. 아무 요청도 하지 않았지만 객실서비스에서 프론트데스크, 도어맨, 그리고 당신을 비롯한 모든 직원들에게 진심으로 감사를 드립니다.

당신에게 언급했듯이 저희는 서울 친구 결혼식에 참석하기 위해 부산을 방문하였습니다. 월드베스트스마일호텔에서의 체류는 지난 주말을 더욱 특별하게 만들어 주었습니다.

저희가 다시 부산에 방문하게 되면 당연히 월드베스트스마일호텔에 예약을 할 것입니다. 당신께서 탁월한 직원을 가지고 계신 것을 축하합니다. 그리고 다시 한번 감사드립니다.

대단히 감사합니다.

토마스와 바바라

2014年8月15日

仅仅是想表达自己的感谢所以留了这张纸条。我和我的妻子在你们酒店有一个很好的体验。有一点遗憾的就是我们没能多住几日看“机器人竞赛”。你们的酒店很独特，我将会给我的制作商同行们3100名职员推荐你们酒店。只要是我来釜山分部出差考察我就会在你们酒店入住。

谢谢，豪华套房…“贵族的感觉。”

—万斯

2014년 8월 15일

감사의 표시를 개인적으로 하고자 이 쪽지를 남깁니다. 저의 아내와 저는 당신의 호텔에서 훌륭한 경험을 하였습니다. 한 가지 후회되는 점은 하룻밤 더 머물지 못해 아래층에서 벌어진 로봇경진대회를 보지 못하였다는 것입니다. 당신의 호텔은 독특하여, 저는 저희 생산자조합의 3,100명 조합원에게 흔쾌히 이용을 권장할 것입니다. 물론 제가 부산지역 지부에 비즈니스차 방문할 때마다 당신의 호텔에 체류할 것입니다.

감사드리고, 로열스위트에서는… "귀족 같은 대접을 받았습니다."

- 반스

2014年6月10日

我和我的女儿这周在世界最佳微笑酒店入住期间有了一个很特别的体验。我们打算周日入住周二中午退房去机场，周二上午11点的时候我的女儿突然有严重的过敏。因为女儿的状态一点点变差，我在照顾女儿的过程中慌忙的取消了我们的旅行计划并且改期了。前台服务员罗伯特芬尼和桃乐茜帮助我度过了危机。在吃了药和休息之后等待女儿好转了这之间，桃乐茜给我们延长了退房时间。

情况没有好转的时候罗伯特给航空公司打电话帮我们取消了预定，然后还给附近医院的急诊室打电话。当我们决定送女儿去急诊室的时候，他帮我叫了出租车并且告诉司机医院的位置。我们当天下午从医院回酒店的时候，为了让女儿恢复罗伯特辛苦了一整晚，为了给我们各种各样的帮助。

我想称赞这两位杰出的服务，耐心，和他们的服务精神。如果没有这两位我不知道我将会怎样度过难关。我很庆幸我取消了希尔顿酒店的预订选择了世界最佳微笑酒店。第127页

2014년 6월 10일

저의 딸과 저는 금주 초에 월드베스트스마일호텔에 체류를 하였고 특별한 방문경험이었습니다. 저희는 일요일에 투숙하였고 화요일에 퇴실하여 정오경에는 공항에 도착할 예정이었습니다. 화요일 오전 11시 경 저의 딸에게 심한 알레르기 증세가 시작되었습니다. 딸의 상태가 점점 악화되는 것을 보고 저는 딸을 돌보는 가운데 여행스케줄을 황급히 취소하고 재조정하였습니다. 프론트데스크의 컨시어지에 근무하는 로버트와 도로시는 저의 이러한 위급상황을 잘 헤쳐 나갈 수 있도록 도움을 주었습니다. 약을 복용하고 휴식을 취함으로써 딸의 상황이 호전될 때를 기다리는 가운데 도로시는 퇴실시간을 연장해 주었습니다.

상황이 호전되지 않자 로버트는 항공사에 전화를 하여 비행기 예약을 취소하여 주었고, 그리고 근처의 병원 응급실에 전화하여 의사와 통화할 수 있도록 해 주었습니다. 저희가 딸을 병원으로 옮기기로 결정을 했을 때 그는 즉시 택시를 불러 운전기사에게 병원의 위치를 알려 주었습니다. 저희가 그날 오후 병원에서 호텔로 돌아왔을 때, 도로시는 딸아이가 회복하기 위해 밤새도록 고생하는 동안 저희가 편안히 있을 수 있도록 여러 가지 도움을 주었습니다.

저는 이 두 분께서 탁월한 고객서비스, 인내심, 그리고 봉사정신을 가진 것을 칭찬해 드리고 싶습니다. 저는 두 분의 도움이 없었으면 어떻게 그 난관을 극복하였을지 모르겠습니다. 저는 힐튼호텔의 예약을 취소하고 월드베스트스마일호텔에 머물기로 했던 것이 얼마나 다행이었는지를 다시 생각하게 됩니다. 저희가 월드베스트스마

我们不可能在其他地方享受到在世界最佳微笑酒店所享受到的服务。罗伯特和桃乐茜帮我和我的女儿一起度过了难关。我在你们酒店度过的很愉快，虽然这是第一次来你们酒店，但绝不是最后一次。我会告诉给我身边的朋友你们酒店的优秀，人性化，热情的工作人员。我会促进更多的人和你们酒店一起行动起来。

包括在危急时刻给我们帮助的罗伯特和桃乐茜，还有酒店所有职员，请替我传达感谢给他们。谢谢他们的理解和帮助。

一简

일호텔에서 경험한 도움과 서비스는 아마 월드베스트스마일호텔이었기에 가능하지 않았을까 합니다. 도로시와 로버트는 저와 저의 딸의 어려운 상황을 잘 극복하도록 도와주었습니다. 저는 당신의 호텔에 머문 것을 기쁘게 생각하며, 비록 이번이 첫 번째 방문이었지만, 마지막이 아니라는 것은 확신합니다. 저는 주위의 사람들에게 훌륭하고, 인간적이며, 참신한 호텔 직원들에 대해 이야기하였습니다. 저는 가능한 많은 사람들이 당신들과 같이 행동하도록 추진할 것입니다.

비록 위급상황은 있었으나 저희가 편안히 체류할 수 있도록 도와주신 로버트와 도로시, 그리고 호텔 직원 여러분께 진심어린 감사를 전합니다. 당신들의 이해와 도움에 대하여 감사드립니다.

- 제인

酒店汉语1,000句

P·A·R·T 2

餐饮服务

第九章

餐厅预订

레스토랑 예약

用电话快乐餐厅预位 해피데이 레스토랑에 전화로 예약하기

客人给餐饮部门打电话预订餐厅时发生的对话

G 客人 O 预订员

◆ 餐厅预订

O 您好！我是快乐日子餐厅的金哲洙。有什么可以帮您的？

O 很抱歉，通话质量不太好，请您再说一次啊。

O 现在可以听到了，您可以再说一遍吗？

G 我想预约这周六晚上6点半4个人的座位，有没有景色比较好的座位？

O 好的，我给您预约这周六晚上6点半4个人的座位。很抱歉现在可以看海景的座位都预约出去了，如果当天有可以看海景的位置我事先给您安排。

Situation 1

고객이 레스토랑을 예약하기 위해 식음료 예약부서에 전화하여 예약을 하는 과정에서 일어나는 상황의 대화

G 고객 O 예약담당직원

◆ 레스토랑 예약

O 안녕하십니까? 해피데이 레스토랑 김철수입니다.
무엇을 도와드릴까요?

O 죄송합니다. 전화상태가 좋지 않으니, 다시 한번 말씀해 주시기 바랍니다.

O 예, 지금은 잘 들립니다. 말씀해 주시겠습니까?

G 이번 토요일 저녁 6시 30분에 4명 식사예약을 하고 싶습니다. 전망이 좋은 좌석으로 예약 가능한가요?

O 예, 이번 토요일 저녁 6시 30분에 4명 예약을 해 드리도록 하겠습니다. 손님 죄송합니다만 지금 현재 바다전망을 볼 수 있는 창가 좌석은 예약이 완료되었습니다. 당일 좌석 변경이 가능하면 우선적으로 배정하도록 하겠습니다.

G 好的，那就这样吧。我是香港上海银行的Ciao Ryong，我的电话是010-4567-1234。

O Ryong先生，您想要自助餐还是一等的料理呢？

G 我们那天到的时候再决定可以吗？

O 可以的。

G 麻烦您给我留一个好位置。

O 如果有其他的客人取消预订我联系您。谢谢您的预订。

G 那周日见，拜拜。

确认餐厅订位 레스토랑 예약 확인하기

客人给餐厅打电话确认预订时发生的对话

G 客人 **R** 接待员

◆ 餐厅预订确认

G 我预订了这周六晚上4个人的座位，我想确认一下，我是香港上海银行的Ciao Ryong。

S Ryong先生，我给您确认一下，您稍等。

G 그럼 그렇게 해 주십시오. 저는 홍콩 상하이 은행에 근무하는 Ciao Ryong입니다. 전화는 010-4567-1234입니다.

O Ryong 선생님, 식사는 뷔페와 일품요리 중에 어느 것으로 하시겠습니까?

G 그 날 레스토랑에 도착하여 정할 수도 있지요?

O 예, 그렇게 하셔도 됩니다.

G 좋은 위치의 좌석으로 부탁드립니다.

O 다른 고객의 취소가 접수되면 연락을 드리도록 하겠습니다. 예약해 주셔서 고맙습니다.

G 그럼 토요일에 만나지요. 그럼 안녕.

Situation 2

고객이 식음료 영업장으로 전화를 해서 예약을 확인하는 과정에서 일어나는 상황의 대화

G 고객 R 영접직원

◆ 레스토랑 예약 확인

G 일전에 이번 토요일 저녁식사를 4명 예약했습니다. 예약은 잘 되어 있겠지요. 저는 홍콩 상하이 은행 Ciao Ryong입니다.

S Ryong 씨, 문의하신 것을 확인해 보겠습니다. 조금만 기다려 주시기 바랍니다.

S 您的预订已经成功了，但是您想要的座位现在还没确定。我们尽量给您安排。

G 好的，知道了。

S 感谢来电，祝您今天愉快，Ryong先生。

S Ryong 씨가 예약하신 건은 잘 되어 있습니다. 그렇지만 말씀하셨던 좌석은 아직 결정이 되지 않았습니다. 저희들이 최선을 다해 보겠습니다.

G 예, 잘 알겠습니다.

S 전화 주셔서 고맙습니다. 즐거운 하루가 되시기 바랍니다. Ryong 씨.

服务员幽默

C 客人 **W** 服务员

W 茶和咖啡您想要哪种？

1st **C** 我要茶。

2nd **C** 我也要茶，给我一个干净的杯子。

（服务员出去了，回来了）

W 给您，哪位要干净的杯子？

C 服务员，这只苍蝇在我的汤里做了什么？

W 在我看来好像是蝶泳。

C 服务员，我的汤里面有跳蚤。

W 好的，我告诉它跳出去。

C 服务员，我的汤里有苍蝇。

W 汤很烫苍蝇马上就会死，请别担心。

C 服务员，我的汤里有死苍蝇。

W 1美金的菜您想要什么？活的苍蝇？

C 고객 W 웨이터

W 티와 커피 중 어느 것을 드시겠습니까?

1st C 나는 티를 마시겠습니다.

2nd C 나도 티를 마시겠습니다. 그런데 잔은 깨끗한 걸로 주십시오.

(웨이터가 나갔다, 되돌아 왔다)

W 여기 가져 왔습니다. 어느 분이 깨끗한 잔으로 드시겠다고 했나요?

C 웨이터, 파리가 내 스프 속에서 무슨 짓을 하고 있나요?

W 네, 저에게는 접영을 하고 있는 것으로 보입니다.

C 웨이터, 내 스프 속에 벼룩이 있습니다.

W 네, 벼룩에게 밖으로 뛰어나가라고 말하겠습니다.

C 웨이터, 내 스프 속에 파리가 있습니다.

W 네, 스프가 뜨겁기에 파리가 곧 죽을 것이니 걱정하지 마십시오.

C 웨이터, 내 스프 속에 죽은 파리가 있습니다.

W 1달러짜리 음식에서 무엇을 원하십니까? 살아 있는 파리요?

C 服务员，我的汤里有苍蝇。

W 很抱歉，我把其他三只苍蝇拿出去的时候这一只没看到。

C 服务员，我的沙拉里面有苍蝇。

W 很抱歉，我不知道您是素食主义者。

C 服务员，这个是羊肉还是猪肉？

W 您尝不出是什么肉吗？

C 尝不出。

W 那么您一定要知道是什么肉不需要吃吗？

C 服务员，这个面包有沙子。

W 是的，这是为了不让黄油滑落。

C 服务员，我的汤里有扣子。

W 哦，谢谢，我正在到处找它。

C 服务员，我没法吃这个菜。

W 为什么不能吃？

C 你没有给我刀叉。

C 服务员，我的汤里有甲虫。

W 甲虫不会游泳马上就会死的。

C 웨이터, 내 스프 속에 파리가 있습니다.

W 미안합니다. 다른 세 마리를 건져낼 때 한 마리는 보지 못했습니다.

C 웨이터, 내 샐러드 속에 파리가 있습니다.

W 미안합니다. 나는 당신이 채식주의자인지 몰랐습니다.

C 웨이터, 이 고기가 양고기인가요, 돼지고기인가요?

W 맛을 보고 구분이 안 되시나요?

C 아니요.

W 그러면 무슨 고기인지 굳이 알려고 하실 필요 없잖아요?

C 웨이터, 이 빵에 모래가 있습니다.

W 네, 그것은 버터가 흘러내리지 않도록 하기 위한 것입니다.

C 웨이터, 내 스프 속에 단추가 있습니다.

W 아 네, 감사합니다. 그렇지 않아도 여기저기 찾고 있었습니다.

C 웨이터, 내가 이 음식을 먹을 수가 없습니다.

W 왜 먹을 수가 없나요?

C 나에게 나이프와 포크를 주지 않아서입니다.

C 웨이터, 내 스프 속에 죽은 딱정벌레가 있습니다.

W 딱정벌레는 수영을 잘하지 못해 바로 죽습니다.

C 服务员，苍蝇在我的汤里游泳。
W 您想要我做什么呢？叫救生员？

C 服务员，苍蝇在我的茶杯里做什么呢？
W 我也不知道，我是服务员不是占卜师。

C 服务员，你的领带在我的汤里。
W 没关系，我的领带在汤里也不会收缩的。

C 服务员，你的手指在我的汤里。
W 没关系，我的手指不烫。

C 服务员，这个汤尝起来很好笑。
W 好笑？那您为什么没笑？

W 要给您晚餐吗？
C 好的，有什么可供选择的？
W 您只能选择“要”或“不要”。

C 웨이터, 내 스프 속에서 파리가 수영을 하고 있습니다.

W 네, 그런데 저한테 무엇을 원하십니까? 구조대원을 부를까요?

C 웨이터, 내 티잔 속의 이 파리는 무엇을 의미합니까?

W 저도 잘 모르겠습니다. 저는 웨이터이지 점쟁이가 아닙니다.

C 웨이터, 당신의 넥타이가 내 스프 속에 들어갔습니다.

W 괜찮습니다. 제 넥타이는 스프에 들어가도 줄어들지 않습니다.

C 웨이터, 내 스프 속에 당신의 손가락이 들어가 있습니다.

W 괜찮습니다. 손가락이 뜨겁지 않습니다.

C 웨이터, 이 스프의 맛이 좀 웃깁니다.

W 웃긴다고요? 그런데 왜 웃지 않으십니까?

W 저녁식사를 드시겠습니까?

C 네, 그렇습니다. 제가 선택할 수 있는 것은 무엇인가요?

W "예" 또는 "아니요"로만 선택이 가능합니다.

第十章

餐厅服务

레스토랑 서비스

餐桌分配和接受订单 테이블 지정과 주문받기

客人来到吃早餐的地方，和服务员发生的对话

G 客人 S 服务员

◆ 早餐服务

S 您好！总共有几位？

G 你好，算上小孩总共有4名。

S 您带早餐优惠券了吗？

G 带了，请给我一个好的位置。

S 请这边走，我带您去可以看到海边的位置。

S 您想要吃自助还是自己点餐？

G 自己点餐。

S 鸡蛋怎样给您做？

S 马上给您拿来，请您稍等。

Situation 1

고객이 아침식사 장소에 도착했을 때 고객과 종사원 간에 이루어지는 대화 내용

G 고객 S 서비스 직원

◆ 아침식사 서비스

S 안녕하십니까? 일행은 몇 분이십니까?

G 안녕하세요? 어린아이를 포함하여 4명입니다.

S 아침 식사 쿠폰은 가지고 계십니까?

G 네, 좋은 자리로 부탁합니다.

S 이쪽으로 오시겠습니까? 해변이 보이는 창가 자리로 안내해 드리겠습니다.

S 뷔페로 하시겠습니까, 아니면 메뉴를 드릴까요?

G 메뉴로 하겠습니다.

S 계란은 어떻게 요리해 드릴까요?

S 테이블로 가져다 드리겠습니다. 잠시만 기다려 주십시오.

S 您要咖啡或者红茶吗？

G 请给我红茶和绿茶。

早餐后的收银服务 아침 식사 후 계산 서비스

客人吃完饭后去收银台结账，在等待另一个客人结账后发生的对话

G 客人 S 服务员

◆ 结账服务

S 很抱歉让您等待，您吃的好吗？

S 加上服务费和税费总共是64000。

S 现金结账还是刷卡？

G 刷卡结账。

S 如果您需要免费停车券我给您一张。

G 我退房的时候在前台拿。

S 好的，知道了。

S 谢谢，祝您今天愉快！

S 커피 또는 홍차를 한잔 하시겠습니까?

G 홍차와 녹차 주세요.

Situation 2

고객이 식사를 마치고 캐셔 데스크에서 계산하는 내용으로 앞에 먼저 계산하는 손님이 있어서 기다린 후 계산하는 상황에서 발생하는 대화 내용

G 고객 S 서비스 직원

◆ 계산 서비스

S 손님, 오래 기다리게 해서 죄송합니다. 식사는 맛있게 하셨습니까?

S 계산금액은 봉사료와 세금을 포함하여 64,000원입니다.

S 계산은 현금 또는 카드로 하시겠습니까?

G 계산은 카드로 하겠습니다.

S 무료주차권이 필요하시면 드리도록 하겠습니다.

G 나중에 퇴숙할 때 프론트데스크에서 받아가도록 하지요.

S 그렇게 하십시오. 예, 잘 알겠습니다.

S 감사합니다. 멋진 하루가 되시기 바랍니다.

午餐或晚餐服务 점심 식사와 저녁 식사 서비스

客人来到餐厅吃午餐·晚餐时发生的对话

G 客人 S 服务员

◆ 午餐和晚餐

S 您好！欢迎光临灵山饭店。您有预订吗？

G 是的，我预订了。

S 总共有几位？

G 总共有4名。

G 有靠窗的座位吗？

S 很抱歉靠窗的座位没有了。

S 请这边走，我带您去您的位置。这个位置可以吗？

G 可以的，位置很好。

S 吃饭前您要来一杯饮料吗？

G 给我两瓶啤酒。

S 您想要吃自助还是自己点餐？

Situation 3

고객이 점심·저녁 식사를 하러 와서 발생하는 대화 장면임

G 고객 S 서비스 직원

◆ 점심 식사와 저녁 식사

S 안녕하십니까? 영산레스토랑에 오신 것을 환영합니다. 손님, 예약은 하셨습니까?

G 네, 예약을 했습니다.

S 일행이 몇 분이십니까?

G 우리는 4명입니다.

G 창가에 빈 자리가 있습니까?

S 대단히 죄송하지만 지금 창가에는 빈 자리가 없습니다.

S 이 쪽으로 오십시오. 테이블로 제가 안내해드리겠습니다. 이 쪽 테이블은 어떻습니까?

G 네, 그 자리가 좋습니다.

S 식사하시기 전에 음료 한잔을 하시겠습니까?

G 맥주 2병 주세요.

S 식사는 뷔페로 하시겠습니까? 또는 일품요리로 주문을 하시겠습니까?

S 您需要饮料或者葡萄酒在吃饭的时候吗？

G 我想要喝红酒，你们饭店有特选葡萄酒吗？

S 特选葡萄酒有2006年的基安蒂葡萄酒。

G 请给我两杯。

S 牛排要几分熟？

G 比五分熟再稍微多烤一会。

S 请您慢用。

S 我给您把空盘子拿走。

G 好的。

S 您吃的好吗？

G 牛排很嫩，特别好吃。

S 点心您要什么？

G 都有什么点心？

S 谢谢，您要喝咖啡或茶吗？

S 您吃的好吗？

S 您打算怎样结账？算在房费里还是现金结账？

S 식사를 하시면서 음료나 와인을 한잔 하시겠습니까?

G 식사 중 음료로는 와인을 한잔 하고 싶은데 하우스 와인 있나요?

S 예, 하우스 와인으로는 CHIANTI 2006이 있습니다.

G 그것으로 2잔 주세요.

S 스테이크는 얼마쯤 익혀드릴까요?

G 나는 중간보다 약간 더 구워주시오.

S 식사 맛있게 드십시오.

S 빈 접시를 치워드려도 되겠습니까?

G 예, 그렇게 하시오.

S 식사는 맛있게 드셨습니까?

G 예, 스테이크가 부드러워서 참 좋았습니다. 맛도 좋았고요.

S 디저트는 무엇으로 하시겠습니까?

G 디저트는 무엇이 있습니까?

S 감사합니다. 커피나 차를 하시겠습니까?

S 식사는 어떠셨습니까?

S 계산은 어떻게 하시겠습니까? 계산은 객실계정으로 넘겨 드릴까요? 현금으로 하시겠습니까?

S 我给您一张停车券。

S 谢谢您的光临，欢迎您下次光临。

餐饮:建议销售 식음료: 판매 제안

5个核心销售技能

◆ 了解自己的商品

a. 要熟悉基本的烹饪法“炭火烤肉”和“铁盘烤肉”等

b. 主要的菜是什么，决定给顾客推荐哪种菜。“我个人来讲最喜欢的上等排骨，非常嫩，还有土豆是一起的。”

c. 要熟知给客人推荐的菜，“您需要另外的沙拉吗?”

◆ 和客人保持好的关系:友好的对待

a. 关于菜单您有什么问题吗?

b. 要表现给客人你很希望他们过得愉快。

S 주차권을 확인해 드리도록 하겠습니다.

S 해피데이 레스토랑을 찾아 주셔서 감사합니다. 또 뵙도록 하겠습니다.

Situation 4

5 가지 핵심 판매 기법

◆ 상품을 알자

a. 기본적인 조리법을 익혀야 한다 "숯불구이" 또는 "석쇠구이" 등

b. 어떤 음식을 주된 메뉴로 할 것이며, 주로 고객에게 권장할 메뉴품목은 어느 것으로 할 것인지를 결정. "제가 개인적으로 좋아하는 메뉴는 고급갈비인데, 그것은 매우 부드럽고, 통감자와 함께 나옵니다."

c. 고객에게 권하는 메뉴에 대해 충분히 숙지한다. "샐러드 드레싱은 별도로 드릴까요?"

◆ 고객과 좋은 관계 유지하기: 우호적으로 대하기

a. "메뉴에 대해 문의하실 것이 있습니까?"

b. 그들이 즐거운 시간을 갖도록 보살피고 있음을 보여 준다.

◆ 读懂你的顾客

a. 要集中注意力在客人身上，客人有需要的时候要及时应对。“您要看一下小孩的菜单吗？”“您是第一次来我们酒店吗？”

b. 注意客人的手势和表情。

c. 不要错过推荐其他菜或者饮料的机会。“您还需要其他的饮料或者开胃菜吗？”

◆ 小心的说话

a. 帮助客人决定他要什么，“晚饭前要喝一杯冰饮料吗？”

b. 要给你服务的客人介绍说明开胃小菜。“加拿大培根，芝士汉堡很受欢迎。”上点心的时候，和“点心来了”相比，“给您新鲜的南瓜派”这样说更好。或者问“您需要自制的苹果派吗？”来代替“您要点心吗？”

◆ 询问有无其他需要

a. 不要问以是或不是为回答的问题。“红葡萄酒或白葡萄酒和菜一起上吗？”“这是我个人比较喜欢的葡萄酒，您想要哪一种？

◆ 고객 살피기

a. 고객에게 집중하므로 고객이 원하는 바에 대해 즉시 대응하도록 한다. “혹시 어린이 메뉴는 살펴보셨는지요?” “저희 호텔에는 처음 오셨습니까?”

b. 고객의 몸짓과 표정을 살핀다.

c. 또 다른 음식이나 음료를 권할 수 있는 기회를 놓치지 않는다. “다른 음료나 전채를 더 주문하시겠습니까?”

◆ 조심스럽게 말하기

a. 고객이 원하는 것을 결정할 수 있도록 조심스럽게 도움을 준다. “저녁 식사 전에 찬음료라도 한잔 하시겠습니까?”

b. 내가 맡은 테이블에 대해 전채요리를 제안하고 설명한다. “캐나다 베이컨 치즈버거가 인기가 있습니다.” 디저트를 제안할 때, 디저트를 드시겠습니까라고 말하기보다 “신선한 호박 파이를 드시겠습니까, 또는 가정식 애플 파이를 드시겠습니까?”라고 묻는다. 단지 “디저트를 드시겠습니까?”라고 여쭤보지 말자.

◆ 판매 제안

a. 네 또는 아니오라는 대답이 나오도록 묻지 말자. “식사와 함께 레드와인이나 화이트와인을 드시겠습니까?” “이것은 제가 개인적으로 좋아하는 와인입니다만, 고객님은 어떤 것을 드시겠습니까?”

◆ 服务机会

1. 开始:

a. 熟知特殊的和高级的酒和鸡尾酒。“您需要一杯鸡尾酒或葡萄酒吗?”

b. 提供至少两种不含酒精的饮料。“那么您需要苏打水或者果汁饮料吗?”

2. 主菜:

a. 追加的：您需要加一点蔬菜或者大蒜粉在你的意大利面里面吗?

b. 上主菜的时候，介绍一下点心—“先给您介绍一下，这是我们市最好吃的点心。”

3. 点心:

a. 如果客人吃了很多的话，建议他们一起吃点心。—“我给您两把叉子你们可以一起吃。”

◆ 서비스 기회:

1. 서비스 시작:

a. 특별하고 고급스러운 주류나 칵테일을 숙지하자. "칵테일이나 와인 한잔으로 식사를 시작하시겠습니까?"

b. 최소한 두 가지의 청량음료를 제안하라. "저 그러면, 소다수나 과일음료를 드시겠습니까?"

2. 주 요리:

a. 추가제안 – "야채나 마늘가루를 파스타에 곁들어 드릴까요?"

b. 주요리를 서빙할 때, 디저트에 대해 설명하라 - "미리 말씀드리자면, 저희는 시내에서 가장 맛있는 디저트를 제공하고 있습니다."

3. 디저트:

a. 만약 고객들이 식사를 많이 하셨으면, 디저트를 나눠 드시도록 권한다 – "디저트를 함께 드시도록 포크를 두 개 가져다 드리겠습니다."

餐饮:优质的服务技能 식음료: 수준 높은 서비스 기법

高质量的服务与技巧运用

◆ 准备服务

a. 必须保持个人卫生，经常洗手，客人将会注意你的手指。

b. 营业准备要彻底。

c. 检查桌子周围的环境。

d. 熟知晚餐特别的菜品。

◆ 迎接客人和点饮品

a. 要快速认知所有客人。

- 您好。请您稍等。

b. 靠近桌子的时候

- 试着去观察客人的心情。
- 一些客人会需要多的注意，但是一些客人不需要太多注意。

◆ 点餐

a. 点餐的时候要注意客人发出的信号。

b.“您想要点什么？”

Situation 5

수준 높은 서비스 기법을 구사하는 단계

◆ 서비스 준비

a. 필히 개인위생을 잘 유지한다. 손을 자주 씻어라! 고객이 당신의 손톱을 볼 것이다.

b. 영업 준비를 철저해야 한다.

c. 테이블 주변의 상태를 점검한다.

d. 저녁 특별요리를 숙지한다.

◆ 고객영접과 음료주문 받기

a. 모든 고객들을 빠르게 인지한다.

- "안녕하십니까. 잠시만 기다려주십시오."

b. 테이블에 다가갈 때:

- 고객의 기분을 인지하도록 노력한다.
- 어떤 고객은 많은 주의를 기울여 주기를 바라지만, 다른 고객은 관심을 부담스러워 한다.

◆ 음식 주문 받기

a. 고객이 음식 주문을 할 수 있도록 준비가 되었다는 신호를 잘 알아차린다.

b. "예, 무엇을 주문하실지 결정하셨습니까?"

c.“怎样给您准备？五分熟还是全熟？”

d. 这个月特别的葡萄酒是…。”

◆ 下订单

a. 最重要的是正确。
b. 要从客人的右手边收拾走空盘子。
c. 收盘子之前要询问客人。
d. 上菜之前要再次确认桌子上是否有需要补充的。

◆ 上菜

a. 可能的话要尽快上菜。

◆ 上主菜

a. 迅速的确认托盘或者碟子乱不乱。
b. 从客人的左手边上菜。
c. 给客人确认一下点的菜对不对，“这是您点的五分熟的牛排。”
d. 如果盘子烫的话，使用毛巾并且提醒客人，“盘子烫，请小心。”
e. 结束服务的时候，确认客人是否满意。“还有其他需要吗？”“请慢用。”
f. 随时过去确认菜品是否可以，“都还可以吗？”

c. “어떻게 준비해 드릴까요? 중간 정도로 익혀드릴까요, 아니면 완전히 익혀드릴까요?”

d. “이달의 특별 와인들은 ….”

◆ 주문 넣기

a. 가장 중요한 것은 정확성이다.

b. 고객의 오른편에서 오른손으로 전채요리 빈접시를 치운다.

c. 항상 빈 접시를 치울 때는 고객에서 여쭈어 본다.

d. 주 요리를 서빙하기 전에 테이블 위에 다시 보충할 것이 있는지를 확인한다.

◆ 주문한 요리 가져오기

a. 가능하면 음식을 빠르게 서빙한다.

◆ 주요리 서빙하기

a. 트레이나 접시가 지저분하지 않은지 신속히 확인한다.

b. 고객의 왼편에서 왼손으로 음식을 서빙한다.

c. 고객이 주문하신 음식이 맞는지 주문을 확인시켜 드린다. “고객님이 주문하신 중간 정도 익힌 안심스테이크입니다.”

d. 만약 접시가 뜨거우면, 타월을 사용하고 고객에게 주의시킨다. “접시가 뜨거우니, 조심하시길 바랍니다.”

e. 서빙이 끝났을 때, 고객들이 만족스러운지를 확인한다. “혹시 더 필요하신 것이 있습니까?” “맛있게 드십시오.”

f. 음식이 괜찮은지 수시로 고객에게 다가가서 확인한다. “다 괜찮으십니까?”

g. 如果有失误，先道歉然后再重新上菜。“很抱歉，我马上改正。”

◆ 结束服务

a. 客人结束用餐的话会吧刀叉放在盘子上。

b. 所有客人结束用餐的时候把盘子收走。“要给您把盘子收走吗？”

c.“给您介绍一下我们的甜品。”

d. 如果不知道谁要结账，把结账单放在桌子的中间。“都准备好的话我可以把这个拿走吗？”

e. 客人们经常在收到结账单之后马上想离开座位，所以给完结账单之后要再快速确认一遍。

f. 收到结账单的时候服也还在继续。“马上给您拿来。”“谢谢。”“欢迎下次光临。”

g. 만약 실수가 있다면, 사과드리고 음식을 재빨리 반납한다. "죄송합니다. 바로 시정하겠습니다."

◆ 서비스 완료

a. 고객이 식사를 마쳤다는 표시로 나이프와 포크를 접시 위에 올린다.

b. 모든 고객들이 식사를 마치면 접시를 치운다. "빈 접시를 치워도 될까요?"

c. "디저트에 대해 안내해 드리겠습니다."

d. 만약 누가 계산을 할지 모른다면, 계산서를 테이블 중앙에 놓는다. "준비되셨으면 이것을 가지고 가도 되겠습니까?"

e. 고객들은 종종 계산서를 받자마자 자리를 뜨고 싶어 하므로, 계산서를 드리고 난 후 재빨리 확인한다.

f. 계산서를 받았을 때도 서비스는 계속된다. "곧 가져오겠습니다." "감사합니다. 또 오십시오."

休息室和酒吧 라운지와 바

客人在大堂酒吧点饮品时发生的情况

G 客人 S 服务员

◆ 大堂酒吧服务

S 您好！

S 总共有几位？

G 总共6个人。

S 还有客人要来吗？

S 您想要禁烟区域还是可以吸烟的区域？

G 我想要禁烟区域。

S 好的，我带您去禁烟区域。

S 在这里坐可以吗？

S 您要点饮品吗？酒类和不含酒精类，您想要哪一种？

G 有什么饮料？

S 我给您推荐可以吗？

S 我们的咖啡是意大利咖啡，很好喝，但是卡布奇诺更好喝。

Situation 6

고객이 로비 라운지에서 음료를 주문하는 과정에서 일어나는 상황

G 고객 S 서비스 직원

◆ 라운지 음료서비스

S 안녕하십니까? 고객님!

S 일행이 몇 분이십니까?

G 우리는 6명입니다.

S 손님, 일행이 더 오십니까?

S 금연석을 드릴까요, 흡연석을 드릴까요?

G 금연석이 좋겠습니다.

S 예, 고객님. 금연석으로 안내해 드리도록 하겠습니다.

S 이쪽으로 앉으시겠습니까?

S 음료를 주문하시겠습니까? 음료는 알코올류와 비알코올류 중 어느 것을 택하시겠습니까?

G 어떤 음료가 있습니까?

S 제가 음료를 추천해드려도 괜찮으시겠습니까?

S 우리 커피는 이탈리아 커피로 맛이 좋습니다. 특히, 카푸치노가 더 좋습니다.

S 我们有各种各样的茶。我非常推荐野生草莓茶，很好闻，味道也不错。

S 过一会儿再点吗？

G 是的，还没想好。

S 现在要点吗？

S 如果还没决定好的话请慢慢来，我等着您。

G 服务员，点餐。

S 我给您确认一下您点的饮品，您点了绿茶。谢谢。

S 您还需要一杯吗？

S 您的菜单需要十分钟，可以吗？

S 您需要看一下葡萄酒清单吗？

G 好的。

S 您需要尝一下葡萄酒吗？

G 好的。

S 抱歉让您稍等了，您点的东西来了。

S 还有其他需要的吗？

S 저희는 여러 가지 차를 보유하고 있습니다. 그중에서 산딸기 차는 향이 독특하여 맛이 매우 좋아서 제가 적극적으로 추천 드리고자 합니다.

S 조금 후에 주문하시겠습니까?

G 예. 아직 준비가 안 됐습니다.

S 고객님, 주문하시겠습니까?

S 아직 준비가 안 되셨으면 천천히 보십시오. 기다리겠습니다.

G 웨이터, 주문을 받으시지요.

S 주문하신 음료를 제가 확인해 드리겠습니다. 주문하신 음료는 녹차이지요. 감사합니다.

S 한 잔 더 드시겠습니까?

S 고객님이 주문하신 메뉴는 10분 정도가 소요됩니다. 괜찮으시겠습니까?

S 와인 리스트를 보시겠습니까?

G 예, 그럽시다.

S 와인을 시음해 보시겠습니까?

G 예, 그럽시다.

S 기다리시게 해서 죄송합니다. 주문하신 음식이 나왔습니다.

S 더 필요하신 것은 없으신지요?

调酒师和客人 바텐더와 고객

在大堂酒吧客人和酒吧服务员发生的对话

G 客人 S 服务员

◆ 大堂酒吧饮品服务

S 您好！史密斯先生，您最近过得怎么样？

S 史密斯先生，今晚您想要喝什么？

G 今晚都有什么？

S 有各种各样的饮品，有苏格兰威士忌，爱尔兰咖啡，黑麦威士忌， 波本威士忌，日本和韩国的威士忌。

G 我问一下我的同事想喝什么，给我来一杯鸡尾酒。都是喜欢喝酒的人。

G 今天很冷，我要一杯纯威士忌。

S 您好，先生，要点餐吗？

G 请再给我一杯。

S 相同的一杯吗？

G 服务员，请把结账单给我。

Situation 7

라운지 또는 바에서 고객과 바텐더 사이에서 일어날 수 있는 대화

G 고객 S 서비스 직원

◆ 라운지 음료서비스

S 안녕하십니까? 스미스 씨. 요즘 어떻게 지내십니까?

S 스미스 씨, 오늘 저녁엔 무엇을 마시겠습니까?

G 오늘 저녁엔 무엇이 됩니까?

S 다양하게 준비되어 있습니다. 스카치, 아이리쉬, 캐나디안, 켄터키 버본, 일본과 한국 위스키가 있습니다.

G 내 동료 모두에게 여쭤보시고, 멋진 칵테일로 한 잔씩 서빙해 주시오. 모두가 애주가여서 까다로울 겁니다.

G 오늘 날씨도 추운데 나는 위스키 스트레이트로 한잔하겠습니다.

S 안녕하십니까? 선생님. 주문하시겠습니까?

G 한 잔 더 주시오.

S 같은 것으로 한 잔 더 하시겠습니까?

G 웨이터, 여기 계산서 갖다 주세요.

S 好的，给您。(这个男士把钱掏出来)请您在这里等待一下出去的时候在门的旁边结账。

饮酒后的收银服务 음료를 마신 후 계산하기

客人喝完之后在结账台结账时发生的对话

G 客人 **S** 服务员

◆ 大堂酒吧饮品服务

S 您怎样结账呢？

G 现金支付。

S 现在结账吗？

G 是的，准备好了就结账。

S 您需要分开的账单吗？

G 有两个人放在一个里面，剩下的请帮我放在另一个账单里面。

S 好的。

S 请在这里签名。

S 给您账单，谢谢您的光临。

S 祝您今天愉快！

S 예, 여기에 계산서 있습니다. 선생님. (남자가 돈을 꺼낸다) 기다리셨다가 나가실 때 문 옆에 있는 회계원에게 지불해 주시기 바랍니다.

Situation 8

고객이 라운지를 이용한 후 캐셔 데스크에서 계산하는 상황의 대화

G 고객 **S** 서비스 직원

◆ 라운지 음료서비스

S 계산은 어떻게 하시겠습니까?

G 현금으로 계산하겠습니다.

S 지금 계산하시겠습니까?

G 그럼요. 준비되면 내가 하도록 하지요.

S 계산서를 따로 만들어 드릴까요?

G 2명은 하나에 넣고, 나머지는 다른 계산서에 넣어 주십시오.

S 예, 그렇게 하겠습니다.

S 여기에 서명해 주시기 바랍니다.

S 계산서 여기에 있습니다. 이용해 주셔서 고맙습니다.

S 즐거운 하루되시기 바랍니다.

客房接受订单服务 룸서비스 주문 받기

在客房内客人要求饮料时发生的对话

G 客人 S 服务员

◆ 客房服务点餐

S 您好！我是客房服务崔女士，有什么可以帮助您的？

G 我想在我的房间里吃早餐。

S 现在订餐吗？您需要一杯饮料吗？

S 要我给您推荐吗？

G 请给我一杯西红柿汁，土司和松饼，培根给我烤一下，两个荷包蛋只煎一面，一杯咖啡。

S 早餐需要15分钟准备时间，可以吗？

S 如果还有需要请拨打0。

Situation 9

객실에서 고객이 식음료 서비스를 요청할 때 일어나는 상황

G 고객 S 서비스 직원

◆ 룸서비스 주문 받기

S 안녕하십니까? 룸서비스 미스 최입니다. 무엇을 도와드릴까요?

G 객실에서 조식을 하고 싶습니다.

S 지금 주문하시겠습니까? 식사하시면서 음료도 한잔 하시겠습니까?

S 제가 추천해 드릴까요?

G 토마토 주스, 토스트와 머핀, 베이컨은 바삭 구워 주시고, 계란은 두 개를 한쪽만 구워주시고, 커피를 주십시오.

S 조식을 준비하는 데 15분 정도 걸릴 것 같습니다. 괜찮으시겠죠?

S 더 필요한 것이 있으시면 0번으로 전화를 해 주시기 바랍니다.

将食物和饮料送到房间 객실에 식음료 배달서비스

在客房服务预订的食物送到房间时发生的对话

G 客人 S 服务员

◆ 客房送餐服务

S 可以进来吗？

G 可以，请进。

S 食物放在哪里呢？

G 请帮我放在茶几上吧。

S 我可以把您的包放到旁边吗？

G 可以。

S 这是您预订的鸡蛋，对吗？

G 是的。

S 有点烫请小心。请慢用。

S 可以请您在这里签名吗？

G 好的，在哪里？

S 在这里签名。

S 费用包含了服务费和税费。

Situation 10

룸서비스에서 주문한 식음료를 객실에 배달하는 과정에서 일어나는 상황

G 고객 S 서비스 직원

◆ 룸서비스 배달서비스

S 들어가도 좋습니까?

G 예, 들어오세요.

S 이 식음료를 어디에 놓을까요?

G 이쪽 티 테이블 위에 올려주세요.

S 가방을 옆으로 잠시 옮겨도 되겠습니까?

G 그러세요.

S 주문하신 계란요리입니다. 맞습니까?

G 예, 맞습니다.

S 뜨거우니 조심하시기 바랍니다. 맛있게 드시기 바랍니다.

S 여기에 사인해 주시겠습니까?

G 좋습니다. 어디에?

S 여기에 서명을 해 주시겠습니까?

S 요금에는 봉사료와 세금이 포함되어 있습니다.

S 您用餐结束后请拨打2号键，然后我们会来把空碗收拾走。

S 请您慢用。

将冰块送到房间 객실에 얼음 배달서비스

客房服务接到了电话，客人想要冰块，以下是发生的对话

G 客人 **S** 服务员

◆ 客房送餐服务

S 您好，我是客房服务李先生。有什么可以帮助您的？

G 我想要冰块，可以给我送到房间吗？

S 我们有制冰机在3层，5层，7层，9层，11层，15层，如果您需要的话我帮您拿到房间。

G 如果可以帮我拿来就太好了。

S 您好，这是您要的冰块。

S 식사 후에 2번에 전화를 주시기 바랍니다. 그러면 빈 그릇을 가져가도록 하겠습니다.

S 즐거운 식사가 되시기 바랍니다.

Situation 11

룸서비스로 전화가 와서 고객이 얼음을 가져다 달라고 하는 상황에서 발생하는 대화

G 고객　S 서비스 직원

◆ 룸서비스 배달서비스

S 안녕하십니까? 룸서비스 Mr. Lee입니다. 무엇을 도와 드릴까요?

G 내가 얼음이 필요한데 객실로 갖다 줄 수 있는지요?

S 손님, 얼음은 각층 제빙기에서 필요한 만큼 사용하실 수가 있습니다. 제빙기는 3, 5, 7, 9, 11, 15층에 있습니다. 손님께서 원하신다면 저희 직원이 갖다드리도록 하겠습니다.

G 갖다 주면 좋겠습니다.

S 안녕하십니까? 손님. 주문하신 얼음을 가져왔습니다.

食品卫生投诉 음식물 위생에 대한 불평

客人抱怨食物里有异物，以下是发生的对话

G 客人 S 服务员

◆ 客房送餐服务

G 服务员，食物里有异物。

S 非常抱歉，我马上给您换其他的。

G 好的，以后请多注意。

S 如果您不介意的话我们将会给您水果和葡萄酒。

错过了房间号码 객실번호를 까먹다

服务员把客人预订的食物送错了房间

G 客人 S 服务员

◆ 客房送餐服务

S (正在按铃)您好，客房服务。您订的餐来了。

G 我们没有订餐。

S 很抱歉，我弄错房间号了，不好意思。

Situation 12

고객이 주문한 음식에서 이물질이 나와 컴플레인이 발생했을 경우 가정한 대화 내용

G 고객 S 서비스 직원

◆ 룸서비스 배달서비스

G 웨이터, 음식에 이물질이 있어요.

S 손님, 대단히 죄송합니다. 즉시 다른 음식으로 마련해 드리도록 하겠습니다.

G 그렇게 하고 앞으로 음식에 신경을 좀 쓰시오.

S 괜찮으시다면 과일과 와인을 서비스해 드리도록 하겠습니다.

Situation 13

고객이 주문한 음식을 배달하는 과정에서 객실번호를 잘못 알아서 실수하는 내용

G 고객 S 서비스 직원

◆ 룸서비스 배달서비스

S (벨을 누르면서) 안녕하십니까? 룸서비스입니다. 주문한 식사를 가지고 왔습니다.

G 아니요, 우리는 식사를 주문한 적이 없습니다.

S 제가 고객님의 객실번호를 혼동하였습니다. 실수에 대해 사과드

S 我再确认一下。

酒吧餐厅服务 펍 레스토랑 서비스

客人在酒吧餐厅点餐时发生的对话

G 客人 **S** 服务员

S 您好！

S 总共有几位？

G 6个人，有靠窗可以看到海的座位吗？

S 很抱歉，现在靠窗可以看到海景的座位没有了。

S 这个座位可以吗？

G 可以，很好。

립니다.

S 확인해 보도록 하겠습니다.

Situation 14a

고객이 펍 레스토랑에서 음료와 식사를 주문하는 과정에서 주고받는 대화 내용

G 고객 S 서비스 직원

S 안녕하십니까? 고객님.

S 일행이 몇 분이십니까?

G 6명인데, 바다가 보이는 창가 좌석이 있습니까?

S 죄송합니다. 고객님. 지금은 해변 전경이 보이는 창가에는 좌석이 없습니다.

S 이 좌석이 마음에 드십니까?

G 예, 이 자리가 좋군요.

客人点餐时经常发生的对话内容

G 客人　S 服务员

S 您饭前需要一杯喝的吗？

S 点餐前您需要喝一杯啤酒吗？

G 啤酒都有什么种类？

S 有吉尼斯黑啤，喜力，七宝啤酒和海特啤酒这四种。您想要哪一种？

G 我要吉尼斯黑啤。

S 还有其他需要的吗？

威士忌在搞促销，服务员给客人推荐威士忌时发生的对话

G 客人　S 服务员

S 我们这个月苏格兰威士忌在特卖。

S 您想要纯威士忌还是加冰的？

G 要加冰的。

Situation 14b

고객에게 주문을 받을 때 많이 사용하는 대화 내용

G 고객 S 서비스 직원

S 식사 전에 음료를 한잔 하시겠습니까?

S 음식주문 전에 먼저 맥주를 한잔 하겠습니다.

G 맥주는 어떤 것이 있습니까?

S 기네스, 하이네켄, 사뽀로, 하이트 4종류의 생맥주가 있습니다. 어느 것으로 드시겠습니까?

G 기네스 흑맥주로 하지요.

S 혹시 더 필요한 것이 있습니까?

Situation 14c

판매촉진을 위해 고객에게 위스키를 추천 판매할 때 사용할 수 있는 대화 내용

G 고객 S 서비스 직원

S 이번 달은 발렌타인 위스키를 특별 판매하고 있습니다.

S 위스키는 스트레이트로 하시겠습니까? 온더락으로 하시겠습니까?

G 온더락으로 주세요.

S (过了一会儿后)您还需要一杯吗?

G 不需要,可以了,今天就喝这么多。

S 是要分开结账吗?

有人在电话里想要找一位客人,传呼业务后客人接过了电话,以下是对话内容

G 客人 S 服务员

S 布朗先生,有人在电话里找您,给您电话。

G 谢谢。

客人在给小费被服务员拒绝之后发生的对话

G 客人 S 服务员

G (正在给10000元)谢谢您今天的服务,这是我的一点表示,辛苦了。

G 很感谢但是我们我们不收小费。

S (시간이 지난 후) 한 잔 더 하시겠습니까?

G 아니오. 이제 되었습니다. 오늘은 그만하겠습니다.

S 계산서는 하나로 해 드릴까요, 또는 별도로 해 드릴까요?

Situation 14d

업장으로 고객을 찾는 전화가 와서 페이징 서비스 후 고객에게 전화기를 건네면서 하는 대화 내용

G 고객 **S** 서비스 직원

S 브라운 씨, 비서로부터 전화가 왔습니다. 여기 있습니다. 받으시지요.

G 감사합니다.

Situation 14e

고객으로부터 개별적인 팁을 거절할 때 사용하는 대화 내용

G 고객 **S** 서비스 직원

G (10,000원을 주면서) 오늘 좋은 서비스를 해주어서 감사의 표시입니다. 수고했습니다.

S 손님, 대단히 감사합니다만 저희들은 개별적인 팁을 받지 않습니다.

S 您支付的费用里面包含了10%的服务费。

G 哦，是吗？你们酒店很棒。

S 欢迎您下次光临，再见。

客人用餐结束后要结账时发生的对话内容

G 客人 **S** 服务员

S 您吃的好吗？

G 很好吃，可以给我一下结账单吗？

S 好的，给您。

G 66000？弄错了吧？怎么这么多啊。

S 结账没有错误，总共是60000，有10%的税费，所以总共是66000。

G 是税费啊！在原有的价格上加了税费吗？

S 是的，加上10%的税费，我应该告诉你的，是我的过错。很抱歉。

S 손님께서 지불하신 요금에는 10%의 봉사료가 포함되어 있습니다.

G 아 그래요. 이 호텔은 참으로 친절하군요.

S 다음에 또 뵙기를 기대합니다. 안녕히 가십시오.

Situation 14f

고객의 식사가 끝나고 계산하는 상황에서 발생하는 대화 내용

G 고객 S 서비스 직원

S 즐겁게 식사하셨습니까?

G 아주 잘 먹었습니다. 계산서를 갖다 주시겠습니까?

S 예, 알겠습니다. 계산서 여기 있습니다.

G 66,000원이라니? 계산이 잘못되지 않았나요? 그렇게 많지 않을 텐데요.

S 손님, 계산은 틀림없습니다. 합계가 60,000원이고 거기에 세금 10%가 가산되어 66,000원이 된 것입니다.

G 세금이라니! 메뉴에 표시된 가격에 또 세금이 가산되는 건가요?

S 물론입니다. 10%의 세금이 가산됩니다. 제가 다시 말씀드려야 했는데 저의 실수였습니다. 사과드립니다.

G 没有，菜单上写的我没有看到，是我的错。很抱歉我刚刚责备了你。

S 没关系，谢谢您的理解。

G 可以用支票支付吗？

S 我们只接受游客支票。

G 游客支票都花完了，那就用现金支付吧。

S 谢谢，希望您刚刚用餐愉快，欢迎下次光临。

G 아니요. 메뉴에 적혀 있는 것을 보지 못한 것은 나의 잘못이요. 잠시라도 당신을 나무라서 미안합니다.

S 천만의 말씀입니다. 이해하여 주셔서 감사합니다.

G 수표로 계산해도 됩니까?

S 우리는 여행자 수표만 받습니다.

G 여행자 수표가 떨어졌습니다. 그럼 현금으로 계산하겠습니다.

S 감사합니다. 즐거운 식사가 되셨기를 바랍니다. 또 오십시오.

宴会服务

연회 서비스

宴会预约 연회 예약

客人在预订年会场地时发生的对话内容

G 客人 R 预订服务人员

◆ 询问会议室

R 这里是世界最佳微笑酒店，有什么可以帮助您的？

R 好的，您请说。

G 10月5日(星期三)到10月9日(星期日)亚太地区经理将会有一个年会，有80个人参加。有能用的空间吗？

R 有可容纳90人的年会场，还有可容纳120人的20平米的展示场。

R 我确认一下那个时候可不可以用，然后我把预订客房的经理叫来跟您谈。

Situation 1

고객이 연회 예약실에서 연회행사 예약과정에서 일어나는 대화 내용

G 고객 R 예약담당직원

◆ 회의실 예약 문의

R 월드베스트스마일호텔입니다. 무엇을 도와드릴까요?

R 좋습니다. 선생님 말씀하시기 바랍니다.

G 올 10월 5일(수요일)부터 10월 9일(일요일)까지 아시아·태평양지역 점장 연차회의가 있을 예정입니다. 참가인원은 80여 명 참석할 예정입니다. 사용이 가능한 공간이 있을까요?

R 90인석 연회장이 있고, 20㎡ 규모의 전시장과 120명을 수용할 수 있는 강당도 있습니다.

R 그 때 사용이 가능한지를 확인해 보겠습니다. 그리고 객실예약은 담당자를 불러 드리겠습니다.

G 参加会议的人给提供饭吗？

R 有的，每顿都有饭和饮料。

G 因为是国际会议服务员的英语水平怎么样？

R 大部分的职员英语水平都很好，因为我们酒店一年之中有很多美国客人入住。

宴会贵宾服务 연회고객 안내서비스

客人在找卫生间，服务员告诉他在哪里，以下是发生的对话

G 客人 S 服务员

◆ 客人询问卫生间

G 我在找卫生间，在哪里？

S 从走廊下去然后右转(左转)。

S 就在那里。

G 회의 참석자들에게 식사 제공이 가능합니까?

S 예, 끼니별로 식사와 음료가 제공될 수 있습니다.

G 국제회의를 치루기 위한 직원들의 영어실력은 어떠합니까?

S 대부분의 직원들의 영어 수준은 좋습니다. 왜냐하면 우리 호텔은 연중 미국인 고객이 많이 투숙하고 계십니다.

Situation 2

고객이 화장실을 찾는데 직원이 안내하는 과정에서 일어나는 대화 내용

G 고객 S 서비스 직원

◆ 고객이 화장실 방향을 여쭤볼 때

G 화장실을 찾고 있습니다. 화장실은 어디에 있습니까?

S 복도를 내려가서 오른쪽(왼쪽)으로 돌아가십시오.

S 그러면 바로 거기에 있습니다.

酒店和餐厅的幽默 ①

一个朋友想要在中国餐厅吃午饭，桌子上只有叉子没有放筷子。所以他把服务员叫来问为什么这样，服务员说只有要求的客人才会给筷子。男士反驳说："如果你给你的客人筷子，你们就不用付给别人洗叉子的钱了不是吗。"服务员回答："是的，但是如果使用筷子的话我们需要再雇佣三个人来收拾垃圾。"

我连续几个月每周的周日早上尝尝去同一家餐厅，经常吃薄煎饼作为早餐。菜单上有三个大份的薄煎饼，我经常点两个。有一天我问服务员要两个薄煎饼而不是三个会不会不太方便。服务员回答我，不会的，厨师长很喜欢你来，每次你来的时候，他就可以吃一个薄煎饼。

在一个小餐厅里，那里的老顾客生气了并且把经理叫来了。客人喊着说："我觉得今天特色菜的分量慢慢减少了。"经理回答说："那只是你看着，是错觉，只是因为最近我们餐厅扩张了。

한 친구가 중국식당에서 점심식사를 하려고 하는데, 테이블에 포크만 있고 젓가락은 놓여 있지 않았다. 그래서 웨이터를 불러 그 이유를 물으니, 고객이 요청해야만 젓가락을 준다고 했다. 그 남자가 대꾸하길, "하지만, 손님들에게 젓가락을 주면 포크를 세척하기 위해 필요로 하는 종업원의 급여를 절약할 수 있는 것이 아니냐"고 했다. 웨이터가 대답하길, "그렇습니다. 하지만 젓가락을 사용함으로써 더러워지는 것을 치우기 위해서는 세 사람을 더 고용해야 합니다."

몇 달 동안 매주 일요일 아침에 나는 늘 같은 식당에 갔으며, 항상 팬케이크를 아침식사로 주문하였다. 메뉴에는 세 개의 큰 사이즈 팬케이크로 되어 있으나, 나는 항상 두 개를 주문하였다. 어느 날 여종업원에게 세 개 대신 두 개를 주문하는 것이 불편하지 않은가 하고 물어 보았다. 그녀가 대답하길 "그렇지 않습니다. 주방장은 당신이 오시는 것을 좋아합니다. 당신이 식당에 들어오면 주방장이 팬케익 한 개를 먼저 먹습니다."

한 작은 식당에서 화가 난 단골고객이 매니저를 불렀다. 고객 왈 "내가 보니까 오늘의 특별요리의 양이 점점 작아지고 있습니다." 매니저가 대답하길 "그것은 단지 시각적인 착각에서 비롯된 것입니다. 다시 말씀드리면 그것은 최근 식당 홀을 확장하였기 때문입니다."

酒店和餐厅的幽默 ②

服务员正在给点了牛排的客人上菜，服务员的大拇指头按在了牛排上面。客人喊：你疯了吗？你怎么能把大拇指头按在牛排上面?”服务员回答：“您想要您的牛排掉到地上吗?”

一名美国商人去日本出差，他不太喜欢日本料理。所以他问前台服务员附近是否有西餐厅。

前台服务员说他很幸运，几天前附近刚开了一家披萨店，而且还可以派送。前天服务员把电话号码给了他，然后他回房间订了披萨。30分钟后派送员拿着披萨到达了房间门口。

商人收到披萨之后就开始不受控制的打喷嚏，他问派送员披萨里面究竟放了什么，派送员深深的鞠了一躬说：“我们就放了您点的，您说只要胡椒粉。”(参考：商人说放意大利辣香肠，派送员听的是胡椒粉)

웨이터가 스테이크를 주문한 고객에게 스테이크를 가지고 왔으나 웨이터의 엄지손가락으로 스테이크의 소고기를 누른 상태로 가지고 왔다. 고객 왈 "당신 돌았냐? 어떻게 손가락으로 스테이크를 누른 상태로 가져올 수 있느냐?" 웨이터 왈 "네? 당신은 스테이크가 다시 바닥에 떨어지길 원하십니까?"

미국 비즈니스맨이 비즈니스차 일본에 갔다. 그는 일본음식을 별로 좋아하지 않아, 호텔 컨시어지에 들러 웨스턴스타일 식당이 근처에 있는지 문의를 하였다.

컨시어지 근무자가 말하기를 당신은 행운아입니다. 며칠 전 피자레스토랑이 근처에 오픈을 하였습니다. 게다가 배달도 됩니다. 근무자는 그에게 전화번호를 알려주었고, 그는 객실로 돌아와 피자를 주문하였다. 30분 후 피자배달부가 피자를 들고 그의 객실에 도착하였다.

비즈니스맨이 피자를 전달 받자마자 심하게 재채기를 하기 시작하였다. 그는 배달부에게 "도대체 피자에 무엇을 토핑하였느냐"고 물었다. 배달부가 겸손히 머리를 숙이며 대답하기를 "저희는 고객이 원하시는 그대로 토핑을 합니다. 당신이 페퍼(후추)만 토핑하라고 주문하여 그대로 했습니다." (참고: 토핑을 pepperoni(페퍼로니)로 하라고 주문하였으나 Pepper Only 로 알아들었음)

酒店和餐厅的幽默 ③

两名律师去餐厅点了两杯喝的，然后这两个人从包里拿出三明治开始吃。餐厅的老板有点担心，轻轻的走过去说："外带的食物不能在这里吃。"这两名律师互相看着对方耸了下肩然后互相换了三明治。（参考：意思就是互相换了之后就不是自己带进来的食物了。）

두 명의 변호사가 식당에 들어가서 마실 것 두 잔을 주문하였다. 그런 후 두 사람은 가방에서 샌드위치를 꺼내 먹기 시작하였다. 식당 주인은 약간 신경이 거슬렸고, 조용히 그들에게 다가가 말하였다. "여기서는 자신이 가져온 음식을 먹을 수가 없습니다." 두 변호사는 서로를 번갈아 쳐다보고 나서는, 그들의 어깨를 약간 들먹인 다음, 샌드위치를 서로 교환하였다. (참고: 교환 후 자신이 가져온 음식이 아니니 상관없다는 뜻임)

酒店汉语1,000句

P·A·R·T 3

市场营销

访问销售

방문판매

访问销售 방문판매

世界最佳微笑酒店的一名新的销售主任去拜访了MG企业集团，碰巧的是，明年MG集团的年会将在釜山举行，MG集团的总经理询问了年会的报价时发生的对话

P 主顾 M 销售经理

◆ 销售访问

M 您好，我是世界最佳微笑酒店市场部销售经理洪美娜，很高兴见到您。前任金秀丽经理去首尔的办公处了，非常感谢MG集团长时间以来光顾我们酒店，以后酒店的预订或者有活动的话可以联系我，我很高兴可以帮助您。

P 很高兴见到您，我是James Redison的秘书李韩珠。您既然来了要不要见一下James Redison先生？

M 很高兴见到您，我经常听前任经理金秀丽和我说您给了我们酒店很多的帮助，以后还请多多关照。

Situation 1

월드베스트스마일호텔의 신임 판촉 지배인이 거래처인 MG Corporation에 인사차 들렸다. 운 좋게도 내년에 MG Corporation 연례총회가 부산에서 있을 것이고, MG Corporation 부산 지사장이 연례총회 개최를 위한 견적을 월드베스트스마일호텔에게 의뢰하려던 참이었다는 얘기를 듣고 대화를 나누게 된다.

P 거래처 담당자 M 판촉지배인

◆ 방문판매

M 안녕하십니까? 월드베스트스마일호텔 마케팅부에서 일을 하게 된 판촉과장 홍미나입니다. 만나 뵙게 되어 반갑습니다. 전임 김수리 과장은 서울사무소로 자리를 옮겼습니다. MG Corporation은 오래도록 우리 호텔을 이용해 주셔서 매우 고맙게 생각합니다. 앞으로 호텔의 예약이나 행사관련 사항은 저에게 연락을 주시면 잘 이행하도록 하겠습니다.

P 만나 뵙게 되어 반갑습니다. 저는 James Redison의 비서 이한주입니다. 오신 걸음에 James Redison 씨를 만나보고 가시지요.

M Redison 박사님, 만나 뵙게 되어 반갑습니다. 전임 담당자였던 김수리 과장으로부터 Redison 소장님께서 우리 호텔에 많은 도움을 주신다는 말을 들었습니다. 앞으로도 잘 부탁드립니다.

P 对了，即使您不联系我，我也有事情要联系您。我想请您帮我留意一下明年1月11号到15号总会的场所，住宿，餐食和年会的报价。希望您能帮助我。

M 当然！这次总会总共有多少人出席？

P 世界各地的店长级别夫妇和所有的职员大概有500个人参加。如果是那样的话，我们可能需要400个房间。在会议期间，我们预计有两次500人的欢迎会，各个会话组将会有为期三天的中小规模的会议。我知道酒店提供早餐给大部分的参加者，总会场有没有同声翻译器？我们公司将会准备口译人员。

M 商务中心需要24小时营业吗？

P 是的，我们讨论一下细节，然后我复印给您一份活动概要，我们现在首先讨论一下场地和报价。

M 好的，那我们什么时候再见一次？

P 最晚的话下周三下午再见一次然后再商讨一下。

P 참, 그렇잖아도 월드베스트스마일호텔에 연락을 하려던 참이었습니다. 내년 1월 11일부터 15일까지 있을 총회의 장소, 숙박, 식사, 연회에 대해 견적을 의뢰하려던 참이었는데 잘 오셨습니다. 좀 도와주시기 바랍니다.

M 물론이지요. 이번 총회는 참석인원이 몇 분이나 됩니까?

P 세계 각지에서 지점장 급이 부부 또는 직원들과 함께 오게 되므로 약 500명은 되리라 봅니다. 그럴 경우 객실 400여 실, 대회의장에서 500여 명 리셉션이 2번이 있을 것이고, 중소규모 회의가 세션별로 3일간 열릴 예정입니다. 물론 대부분의 참석자가 조식을 호텔에서 할 것 같습니다. 총회장에는 동시통역시설이 있지요? 통역원 업무는 우리 회사에서 마련할 예정입니다.

M 비즈니스센터는 24시간 오픈을 해야 하겠지요?

P 그렇지요. 세부사항은 서로 협의를 하도록 하고, 행사 개요에 대해 자료를 드릴 테니 우선 장소와 견적에 대해 제안해 주시기 바랍니다.

M 그렇게 하겠습니다. 그럼 저는 언제 다시 찾아뵙도록 할까요?

P 늦어도 다음 주 수요일 오후엔 다시 만나서 논의를 하는 것이 좋겠습니다.

预约 약속하기

世界最佳微笑酒店的销售经理洪美娜为了和MG公司总经理讨论他要求的报价，正在给秘书李韩珠打电话约定会议时间

P 主顾　M 销售经理

◆ 预约

G 我是MG釜山分公司的李女士，有什么可以帮助您的？

M 你好，我是世界最佳微笑酒店的洪美娜，我想约一下和Redison先生的见面时间。

P 你好洪美娜，我是李韩珠。您想要立刻和总经理见面吗？

M 不是，我就是想说明一下我发过去的报价然后约一下见面时间。

P 好的，请您稍等。

M 好的。

P Redison先生9月10号周三下午三点时间可以。

M 好的，那到时候见，非常感谢。

G 别客气，再见。

Situation 2

월드베스트스마일호텔 판촉지배인 홍미나는 MG 부산 지사장 Dr. James Redison이 요청한 견적서에 대해 논의하기 위해 비서 이한주와 통화로 회의를 약속한다.

P 거래처 담당자 M 판촉지배인

◆ 약속하기

G MG 부산지사 Ms. Lee입니다. 어떻게 도와드릴까요?

M 여보세요. 저는 월드베스트스마일호텔의 홍미나입니다. Redison 지사장님과 시간 약속을 하고자 합니다.

P 홍지배인님, 안녕하십니까? 저는 이한주입니다. 지사장님을 곧 만나셔야 합니까?

M 아니오. 제가 보내드린 견적서에 대해 설명하기 위해 그냥 약속만 하려고 합니다.

P 좋습니다. 잠깐만 기다려 주시겠습니까?

M 예. 좋습니다.

P 좋아요. 레디슨 지사장은 9월 10일 수요일 오후 3시에 시간이 됩니다.

M 좋습니다. 그럼 그 때 뵙지요. 대단히 감사합니다.

G 천만에요. 안녕히 계십시오.

谈判会议 협상 회의

世界最佳微笑酒店销售经理洪美娜为了和MG釜山分公司总经理讨论报价来访问了MG釜山分公司，关于会议的进行，客房餐饮和其他业务也进行了讨论

P 主顾 M 销售经理

◆ 预约条件的协商

M 您好，Redison先生，上周一我发过去的活动场地计划书和报价表您收到了吗？

P 嗯，我收到了，计划制定的很好。但是我觉得有必要再讨论一下宴会的餐饮。和价格便宜相比较，提高餐饮的质量最重要。我们想要A来作为正式晚宴，还想再商议一下价格。然后客房请给我们再低一点的价格，客房价格希望您按照房间种类给我们降低一下价格。

M 总会有英语，日语，中文，西班牙语，法语，德语翻译器，这些可以吗？ 您需要在总会场的前面设置翻译服务台吗？

P 是的，这个也需要。然后我需要您告诉我一下怎样使用翻译设备。

M 好的，我给您准备。

Situation 3

월드베스트스마일호텔 판촉 지배인 홍미나는 MG 부산 지사장 Dr. James Redison이 요청한 견적서에 대해 논의하기 위해 MG 부산 지사를 방문하고, 컨퍼런스의 진행, 객실, 식음, 기타 업무에 대해 논의한다.

P 거래처 담당자 M 판촉지배인

◆ 계약조건의 협상

M 안녕하십니까? Dr. Redison. 지난 월요일에 보내드린 행사장 계획서와 견적서는 받아 보셨습니까?

P 예, 잘 받아 보았습니다. 계획을 잘 짜셨어요. 그런데 파티에 나올 음식에 대해서는 좀 더 논의를 해야 할 것 같습니다. 가격을 낮게 책정하는 것보다 음식의 수준을 높이는 것이 좋을 것 같습니다. 정찬 코스는 A로 변경하고 가격에 대한 협상을 다시 하는 것이 좋을 듯합니다. 또한 객실가격은 할인을 좀 더 해 주셔야 할 것 같습니다. 객실 가격은 종류별로 낮출 수 있는 만큼 낮춰 주시기 바랍니다.

M 총회 통역요원이 사용할 부스는 영어, 일어, 중국어, 스페인어, 불어, 독일어만 있으면 됩니까? 혹시 총회장 앞에 통역 안내 데스크는 설치하지 않아도 될까요?

P 참, 그것도 필요할 것 같습니다. 그리고 통역장비의 사용방법에 대한 안내도 필요할 것 같습니다.

M 예, 준비하도록 하겠습니다.

☺

The World Best Smile Hotel
Busan

FACSIMILE MESSAGE

Date	Oct. 7, 2014
To	Dr. James K. Redison/Manager MG Busan Branch Office
From	MN Hong / Sales Manager, The World Best Smile Hotel, Busan
Fax	(051) 540-7272
Re	Hotel Arrangement for 2015 Annual Conference

All Pages 2 (Inl'd Cover page)

Dear Dr. Redison,

I'd like to take this opportunity to thank you for your continuous interests in the World Best Smile Hotel. Upon your inquiry about an MG Conference Attendees' accommodation, I am very pleased to offer you the following. Also I appreciate if you send the name list with exact arrival and departure dates as soon as possible.

1. Accommodation

- Period: 500 persons 11 - 15, January, 2015
- Room Type and Rate : 400 Double or Twin Bed Rooms KR ₩180,000++ WITH
  1 Presidential Suite, 5 Exec. Suite Rooms, upgrade for the company president and executives

2. Meal, Transportation and other services

- 2 times banquet KR ₩60,000++ ~ ₩40,000++ per person (seating type), Beverages are separate, refer to the Beverage List.
- 4 times breakfast KR ₩15,000++ per person (buffet type).
- 3 times lunch KR ₩30,000++ per person (buffet type).
- 6 times coffee break KR ₩5,000++ per person.
- For transportation, complimentary shuttle bus to and from the Gimhae Airport will be provided on a daily basis.
- We will give you 30% discount for in-house laundry service.
- You will enjoy complimentary use of the swimming pool and fitness center, and 50% discount at the sauna.
- All of your conference guests will receive a gift amenity in the room from the hotel.

3. Restaurants, Room services and others.

Attached please find the Fact Sheet. You can be advised detailed information about our hotel. And I will aslo send you some sample menus from the restaurants.

I hope you will be satisfied with above arrangement and I am looking forward to serving you again with the World Best Smile's traditional hospitality.

Sincerely Yours,

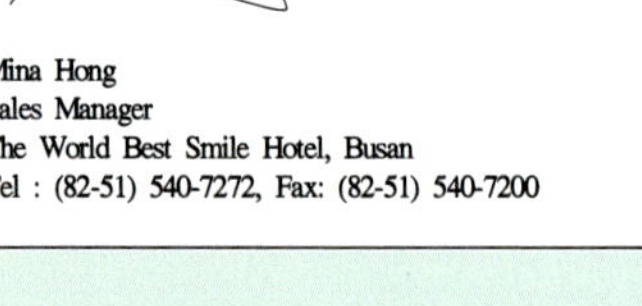

Mina Hong
Sales Manager
The World Best Smile Hotel, Busan
Tel : (82-51) 540-7272, Fax: (82-51) 540-7200

第十三章

会议准备

국제회의 준비

MG会议总部预订中心 MG 국제회의 예약운영본부

以下是将要参加总会的店长们询问酒店预订房间的事情，酒店接受预定时发生的各种各样的情况

G 客人 M 销售经理

◆ 预定运营中心

M 为了办理酒店预订业务，已经在总会本部的建立了酒店预订业务办公室。我们有为会议的参加者准备的游览指导和信息。

M 对于酒店的住宿如果有疑问的可以询问总会酒店预订部门。

M 想要更改住宿或者取消住宿请一定要直接联系酒店预订办公室，如果预定日期内没有事先通知的话酒店预订就取消。

G 为了2015的年会可不可以给我预订2015年1月11日到1月15日的包含早餐的三间双人间和两间有一对单人床的房间？有纽约分公司总经理夫妇，副总经理两名和他们的夫妇，还各有两名孩子。

Situation

총회에 참석하려는 지점장들을 상대로 호텔 예약에 대해 안내하고, 접수를 받는 과정에서 일어나는 다양한 상황

G 고객 M 판촉지배인

◆ 예약운영센터

M 호텔 예약을 취급하기 위해 총회 본부에 호텔예약 사무실이 설치되었습니다. 회의 참석자를 위한 호텔예약 관련 지침서와 안내서를 함께 보내드립니다.

M 호텔의 숙박에 관련하여 궁금하신 점이나 문제점이 있으신 분은 총회 호텔예약사무실에 문의하여 주시기 바랍니다.

M 숙박변경 또는 숙박취소는 반드시 호텔예약사무실에 직접 연락을 주시기 바랍니다. 만약 예정된 날 전에 확약이 없으면 호텔예약은 취소됩니다.

G 2015 연차총회를 위해 2015년 1월 11일부터 1월 15일까지 10명의 조식을 포함에서 더블 3실, 트윈 2실을 예약해 주시겠습니까? 뉴욕지사에서는 지점장부부, 부지점장 2명은 부부와 어린아이가 각각 2명씩 있습니다.

G 这次在贵酒店召开年会我们需要100个客房从2015年1月11日到1月15日。

M 我们将给您预订100个客房从2015年1月11日到1月15日，并且我们还将给贵公司的职员提供三间免费的客房。

G 您能告诉我一下一人套房和两人套房的价格吗？

G 可以给我预订2015年1月11日一间一对单人床的房间吗？我们乘坐达美航空1007预计时间晚上七点到达。

G 可以帮我确认一下我的预订吗？然后告诉我一下包含服务费和附加税费后的价格。

G 为了预订，我们通过银行已经汇款了押金。

G 이번 귀 호텔에서 개최되는 연차총회의 참석자를 위해 2015년 1월 11일 도착 2015년 1월 15일 출발로 객실 100개를 확인해 줄 것을 요청합니다.

M 귀하가 요청하신 객실 100개를 2015년 1월 11일부터 1월 15일까지 사용하실 수 있도록 확약을 드립니다. 또한 귀사의 직원이 투숙할 수 있도록 3개의 객실을 무료로 제공하겠습니다.

G 침대가 1개인 특실과 2개인 특실에 대한 요금도 알려 주시겠습니까?

G 2015년 1월 11일 트윈 베드룸 1실을 예약해 주시겠습니까? 저희들은 저녁 7시 델타항공 1007로 도착할 예정입니다.

G 예약을 확인해 주시겠습니까? 또한 봉사료와 부가가치세가 포함된 가격을 알려 주시기 바랍니다.

G 예약을 위한 예치금 3,000달러를 은행을 통해 송금하였음을 알려 드립니다.

第十四章

顾客运输

고객운송

在机场接机 공항에서 고객맞이

世界最佳微笑酒店的销售经理李宗民乘坐酒店大巴去机场迎接客人。他与参加2011年会的客人碰头了并且帮助他们入境业务。

G 客人 L 豪华轿车司机

◆ 接机服务

L 我是世界最佳微笑酒店的职员李先生，很高兴见到您。

L 飞机上的感觉如何？累吧？

G 虽然有一点累但是没关系。

L 所有人都出关后我们出发去酒店，已经为你们准备好大巴了。

L 你们总共有几位？

G 包括我总共有25个人。

L 所有从美国来的客人都在这里集合，我们上车吧，这边走。

Situation

총회를 담당하는 월드베스트스마일호텔의 판촉 지배인 이종민은 호텔의 버스를 인솔하여 공항에 마중을 나갔다. 2011년 연차총회에 참석차 도착 고객들의 입국업무를 도와 호텔로 모셔오고 있다.

G 고객 L 리무진 기사

◆ 고객맞이 서비스

L 저는 월드베스트스마일호텔에 근무하는 이입니다. 만나 뵙게 되어 반갑습니다.

L 비행기 여행은 어떠했습니까? 피곤하시죠?

G 조금 피곤하지만 괜찮아요.

L 모든 분이 세관통과가 끝나면 호텔로 출발할 것입니다. 여러분을 모실 버스가 준비되어 있습니다.

L 일행이 모두 몇 분이시죠?

G 저를 포함해서 25명입니다.

L 저, 미국에서 오신 분들은 모두 여기에 모이셨습니까? 그럼 버스를 타러 가시지요. 이쪽으로 오시지요.

G 谢谢。

G 从机场到酒店有多远?

L 到酒店大约需要40分钟，我们酒店在海云台海边离机场有30千米远。从机场出去就是路口，我们要去停车场乘坐大巴，过马路的时候小心车。

L 大家把所有的包都放在这里，然后我确认一下人齐了没有。

G 고맙습니다.

G 공항에서 호텔까지는 얼마나 멉니까?

L 호텔까지 약 40분 소요될 것입니다. 공항은 해운대 해변에 있는 우리 호텔에서 약 30킬로미터가 떨어져 있습니다. 이 공항은 나가시면 바로 건널목이 있습니다. 버스를 타기 위해 주차장으로 가셔야 하므로 지나가는 차를 조심하시기 바랍니다.

L 신사숙녀 여러분, 여기에 가지고 오신 가방을 모두 챙겨 주시기 바랍니다. 그리고 함께 오신 분들을 확인해 주시기 바랍니다.

第十五章

会议开始

총회 시작

会议开始　총회가 시작되면서

马上就要举行开幕式了，会议主管让大家就座之后向大家介绍翻译服务，照相，离开座位，休息等一系列注意事项。

G 客人　C 会议主管

◆ 会议的运营

G　女士们先生们请注意，会议即将开始，请所有参加者就座。所有演讲稿和信息都将被翻译成韩语，英语，日语，中文，西班牙语，法语，德语。1频道是韩语，2频道是英语，3频道是日语，4频道是中文，5频道是西班牙语，6频道是法语，7频道是德语。致开幕词时禁止拍照或使用闪光灯，请不要离开座位，非常感谢。

G　MG年会的会长，干部，各位贵宾，理事会代表以及各位参加者，欢迎你们的到来。我宣布，2010年会开幕式现在开始。

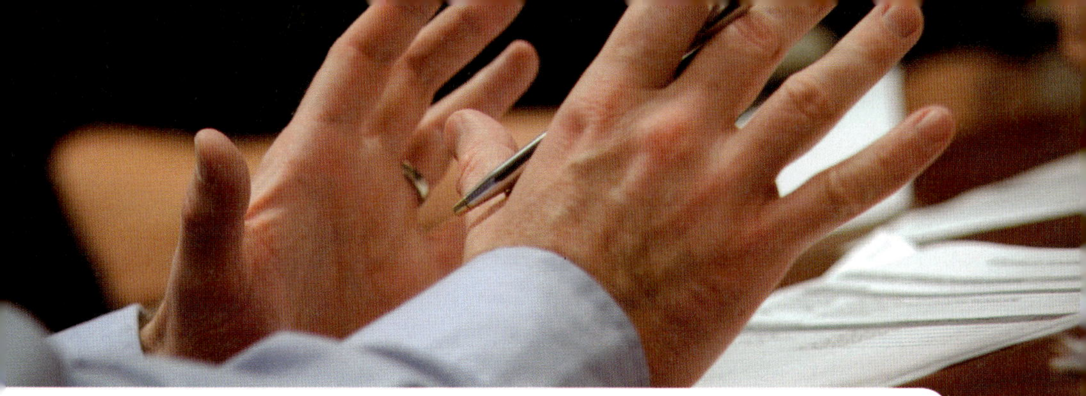

Situation

개회식이 곧 거행되므로 자리에 앉을 것을 요청하면서 이에 따라 진행을 맡은 담당자는 동시통역, 촬영, 자리이탈, 휴식 등에 대해 안내를 한다.

G 고객 C 회의 주관자

◆ 총회의 운영

G 신사숙녀 여러분, 주의를 기울여주시면 감사하겠습니다. 개회식은 곧 시작되겠습니다. 참석자 여러분께서는 착석하여 주시기 바랍니다. 모든 연설문과 안내는 한국어, 영어, 일본어, 중국어, 스페인어, 프랑스어, 독일어로 동시통역이 될 것입니다. 채널 1은 한국어, 채널 2는 영어, 채널 3은 일본어, 채널 4는 중국어, 채널 5는 스페인어, 채널 6은 프랑스어, 채널 7은 독일어가 될 것입니다. 개회사가 있을 때에는 사진 촬영이나 플래시를 사용하는 것을 삼가해 주시기 바라며, 자리에 착석해 주실 것을 당부 드립니다. 대단히 감사합니다.

G MG 연차총회의 대회장님, 임원 여러분, 귀빈 여러분, 참석자 여러분 세계 MG 그룹 이사회를 대표하여 2010 총회의 개회를 선언합니다.

C 现在开始有很重要的生产性的会议，但是在座的各位已经坐了很久，我们先简单的休息10分钟怎么样？

C 我们想对您吸引人和激励人的演讲表达我们诚挚的感激之情。

C 지금까지 매우 생산적 회의가 계속되었습니다. 그러나 회원들께서 자리에 너무 오래 앉아 계셔서 휴식이 조금 필요하실 것으로 압니다. 10분간 몸도 풀 겸 휴식을 취하시는 것은 어떠하실까요.

C 우리는 귀하의 흥미진진하고 용기를 북돋워 주는 강의에 진심으로 감사하는 바입니다.

第十六章

市场营销关系

마케팅 관계

市场营销相关的词汇表　마케팅 관련 전문용어

为了通过面试，以下是需要熟悉的市场定义

广告是市场活动其中之一，广告是广告商付费通过广告媒体给听众传达的计划型，系统的一系列的活动。

广告的作用是让潜在的客人知道我们酒店的存在和实况，引导客人了解那个产品或者服务。即，广告的效果是引起客人的关心，兴趣和欲望，唤起客人的记忆，使客人信服，最终开始了购买行动。

促进酒店消费者消费大致有以下手段：优惠券，奖品，老顾客计划，会员券，公司奖励计划，旅行奖励计划等。

网络营销是网络等电子通信手段媒体的一部分，并且完全地利用客人的需求和期望创造出价值的活动。

Situation

구직 인터뷰 때 마케팅에 대한 질문에 쉽게 접근할 수 있도록 호텔에서 잘 쓰이는 마케팅 전문용어 몇몇을 익히기

광고란 마케팅 촉진활동의 하나이다. 광고는 광고주가 유료의 광고 매체를 통해 표적 청중에게 메시지를 전달하는 계획적이고, 체계적인 일련의 활동이다.

광고는 잠재고객에게 우리 호텔의 존재와 실상을 알리는 역할과 그 제품이나 서비스를 알려서 어떤 광고 효과를 이끌어 내는 역할을 한다. 즉 광고는 고객의 관심, 흥미, 욕망을 불러일으키고, 기억과 신념을 가지게 해서 마침내 구매행동을 하도록 하는 효과이다.

호텔의 소비자 판매촉진을 위한 일반적인 도구에는 쿠폰, 프리미엄, 단골고객프로그램, 회원권, 거래처 보상 프로그램, 여행사 보상 프로그램 등이 있다.

인터넷마케팅은 인터넷 등의 전자 커뮤니케이션 매체를 일부 또는 전적으로 이용하여 고객의 욕구와 바램을 잘 충족시킴으로써 가치를 창출하고 제공하는 활동이다.

关系营销是指顾客服务和品质通过市场指向强化协力合作的一种市场活动。

客人关系管理是为了增加新老顾客的取得，现有客人的保持和客人的收益通过持续性的沟通理解客人的行为的一种活动，为了造成这个影响的综合性接触。

관계마케팅은 고객서비스와 품질을 시장 지향적으로 통합하여 협력관계를 강화하는 데 초점을 두는 마케팅활동이다.

고객관계관리는 신구고객의 획득, 기존 고객의 유지 및 고객 수익성을 증대시키기 위하여 지속적인 커뮤니케이션을 통해 고객행동을 이해하고, 이에 영향을 미치기 위한 통합적 접근이다.

酒店汉语1,000句

P·A·R·T 4

求职面试

第十七章 面试 인터뷰

面试

인터뷰

面试问题和答案 인터뷰의 질문과 답변

就业之前，预备职员需要准备的事情有很多。首先必须要熟悉那个酒店的企业文化，经营方向，社会贡献度，规模，企业的种类，职员的赔偿制度等等。除了这些，最重要的一点是你还需要知道做为酒店的职员，你可以为酒店做什么贡献。而且如果被雇佣的话，每周会有五天上下班时间不规律所以也会存在在外食宿的问题。对于这些要有计划性的准备，面试的时候可以提高面试成功的几率。下面的内容是面试时活用的问题与回答。

Q 问题 A 回答

◆ 面试官和应聘者

Q 请介绍一下你自己。

A 我是灵山大学毕业的学生，我的专业是酒店经营。成为一名酒店经理是我长久以来的梦想。我是一个真诚又文静的人，并且我是一个可以值得信赖的人，我很有能力而且正直。您看我的简历就可以知道我周末的时候在乐天酒店做兼职，除了这个，只要我有时间的话也会去其他的服务行业做兼职。我感觉对我来说最感兴趣的就是我现

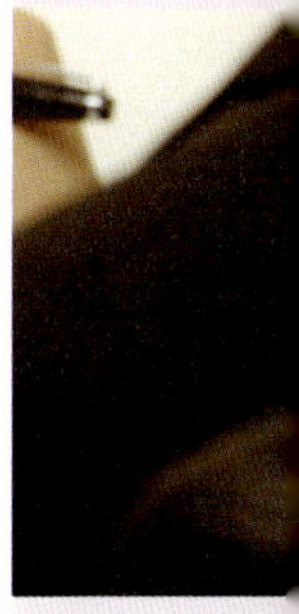

Situation

취업을 앞두고, 예비 직장인이 준비해야 할 것들은 매우 많다. 우선 그 호텔이 지향하는 기업의 철학, 경영방향, 사회기여도, 규모, 업장의 종류, 종업원 보상제도 등 많은 것을 익혀야 한다. 뿐만 아니라 당해 호텔이 지원자를 고용할 경우 그 호텔을 위해 어떠한 기여를 할 수 있는지도 매우 중요한 요인이 된다. 또한 고용이 되면 주5일간 불규칙적으로 출퇴근해야 하므로 숙식문제도 대두된다. 이러한 것들을 계획적으로 준비하고, 면접에 응하면 면접에 성공할 확률이 매우 높게 된다. 아래 내용은 인터뷰 실전에 활용되는 Q&A이다.

Q 질문 A 답변

◆ 면접관과 면접대상자

Q 본인에 대해 말해 보십시오.

A 저는 호텔경영학을 전공하고 영산대학교를 졸업할 예정입니다. 호텔리어가 되는 것이 나의 오랜 꿈이었습니다. 저는 진지하고 차분한 성격입니다. 신뢰할 만하고 친근하며, 능력이 있고 정직합니다.

저의 이력서를 보셨듯이, 저는 롯데호텔에서 주말 파트타임으로 일을 하고 있습니다. 뿐만 아니라 시간이 되면 다른 서비스업종에서도 파트타임 일을 하고 있습니다. 저는 지금 서비스하고 있는 롯데호텔 식음료부서에서 일하는 데 가장 큰 흥미를 느낍니다.

在正在乐天酒店的餐饮部门工作。

我很喜欢这个工作，尤其是和客人还有其他同事相处的时候。

Q 你上大学的时候最喜欢哪一门课程？

A 我最喜欢学习外语，我喜欢日语，我觉得如果外语能力好的话对于和世界各国的客人交流有帮助。我还喜欢学市场营销，因为这门课教会了我如何使客人满意的方法。

Q 请说一下自己的优点。

A 我很仔细并且有很强的耐心，我是一个完美主义者并且我可以很好的和小组一起完成工作。我很有幽默感，经常有客人告诉我他们和我相处得很轻松。我的优点是可以和各种各样的人一起工作。我喜欢学习新的知识尽管会占据我很多的业余时间。

Q 你最大的优点是什么？

A 我觉得我很容易交到朋友，我不管去哪儿都可以交到朋友而且还和那些人保持着联系。上次我过生日的时候总共有50多个朋友来我家给我庆祝生日。

저는 이 일이 고객과 동료 종업원들에게 항상 신경을 쓰게 되어, 이를 즐기고 있습니다.

Q 대학에서 가장 흥미로웠던 과목은 무엇입니까?

A 외국어 공부를 좋아했습니다. 일본어를 좋아합니다. 외국어를 말할 수 있는 능력이 세계 여러 곳에서 온 손님들을 위해 일할 때 도움이 될 것이라는 생각을 했습니다.

마케팅과목을 좋아했는데 왜냐하면 저에게는 고객을 만족시키는 방법을 배우는 것이 흥미로웠습니다.

Q 본인의 장점에 대해 말해주십시오.

A 저는 꼼꼼하고 인내심이 강합니다. 저는 완벽한 것을 좋아하고 팀의 일원으로 같이 일하는 것을 잘 합니다. 저는 유머감각이 좋고 제가 보통 손님을 편하게 해드린다고들 합니다. 어떤 종류의 사람들과도 잘 어울려 일하는 것이 저의 장점입니다.

장점이면서 단점이라고도 할 수 있는데 새로운 것을 배우는 것을 좋아해서 여유 시간을 잘 즐기지 못합니다.

Q 당신의 가장 큰 장점은 무엇입니까?

A 저는 친구를 매우 쉽게 사귄다고 생각합니다. 제가 어디에 가든 주변에 사람이 많고, 한번 만난 사람들과는 좋은 교류를 해 오고 있습니다. 지난 번 저의 생일 땐 50명이 넘는 친구들이 저희 집에 와서 축하를 해 주었습니다.

Q 你最大的优点是什么？

A 我最大的优点就是我和其他人相处得都很好，很多人都不喜欢和新的人见面，但我非常喜欢。我和其他人见面的时候可以让对方觉得很舒服，可能是因为和说话相比较我更喜欢倾听。

Q 你最大的缺点是什么？

A 我觉得我撂电话有问题，我很喜欢和朋友聊天，但是很浪费我的时间，有的时候会聊好几个小时。

Q 你最大的缺点是什么？

A 我很喜欢和其他人聊天，有很多时间都浪费在打电话上了。但是当我打业务电话的时候我会一边看着表控制时间，所以可以减少一半的时间。

Q 你最大的缺点是什么？

A 我是一个完美主义者，所有事情都想要做到完美，我觉得这是我的问题。我想要提高我的英语所以每周都在学习。

Q 为什么我们应该雇佣你？

Q 당신의 가장 큰 장점은 무엇입니까?

A 저의 장점은 사람을 잘 사귀는 것이라고 말씀드립니다. 많은 사람들은 새로운 사람을 만나는 것을 싫어하지만 저는 그것을 매우 좋아합니다. 저는 사람을 만나면 곧바로 편안하게 해 줍니다. 아마 그것은 말하기보다 듣기를 좋아하는 게 원인인 것 같습니다.

Q 당신의 가장 큰 단점은 무엇입니까?

A 저는 전화기를 끄는 데 문제가 있는 것 같습니다. 저는 친구들과 대화하기를 참 좋아합니다. 그러나 저의 시간을 너무 많이 빼앗습니다. 한때는 전화로 몇 시간을 보낸 적도 있었습니다.

Q 당신의 가장 큰 단점은 무엇입니까?

A 저는 사람들과 대화하는 것을 좋아하여 많은 시간을 전화하면서 보내곤 했습니다. 그러나 이젠 사업상 전화라도 시간관리를 위해 시계를 보면서 통화를 하게 되므로 시간을 반으로 줄일 수가 있었습니다.

Q 당신의 단점은 무엇입니까?

A 저는 완벽주의자여서 모든 것이 완벽하게 될 때까지 남아서 일하기도 하는데 때때로 이런 성격이 저의 문제점입니다.

저는 영어실력을 더 향상시켜야 합니다. 그래서 매주 공부하고 있습니다.

Q 왜 우리가 당신을 고용해야 합니까?

A 我曾经学习过酒店业务，特别是对于客房经营方面很有兴趣。我在酒店实习过，并且自己准备了很多。当我决定成为一名酒店经理的时候，进入贵公司工作就成为了我的一个梦想。

Q 关于我们公司你有什么了解的？

A 我了解过并且知道贵公司有很好的声誉，有很多的升职机会而且对职员和职员家人的待遇都很好。贵公司为地区居民们提供了各种各样的文化节目，对于地区的社会文化和观光发展做出了杰出的贡献。

Q 你为什么想加入我们？

A 我想在酒店工作并且我觉得在贵公司工作是一种挑战。我想学习更多的国际化标准，贵公司在世界所有酒店中是领头羊，如果进入贵公司，会有很多学习的机会。

Q 如果客人发火的话你会怎么做？

A 首先我会问客人为什么发火然后暂时让客人冷静下来。酒店最优先考虑的应该是客人，所以应该解决客

A 저는 환대산업분야에서 훈련을 받았고 특히 객실영업 분야에 관심이 많습니다. 호텔에서 인턴십도 했고 나름대로 준비되었다고 생각합니다.

호텔리어가 되겠다고 결정한 순간부터 귀사에서 일하기를 희망해왔습니다.

Q 우리 회사에 대해 아는 것이 있습니까?

A 귀사에 대해 알아보았고 귀사가 좋은 평판을 가지고 있다고 들었습니다. 승진의 기회도 많고 직원을 가족같이 대우한다고 들었습니다. 귀사는 다양한 문화 프로그램을 지역주민들에게 제공하고, 지역사회 문화와 관광발전에 기여하고 있다고 알고 있습니다.

Q 왜 우리와 함께 일하고 싶습니까?

A 저는 호텔에서 일하고 싶고 귀사에서 일하는 것이 일종의 도전이 될 것으로 생각합니다.

호텔리어는 국제적인 표준을 배우고 싶어 합니다. 귀사는 세계적 호텔그룹의 선두주자에 속해 있으므로 많은 것을 배울 수 있는 기회가 되리라 봅니다.

Q 손님이 화가 많이 나있을 때 당신은 어떻게 하겠습니까?

A 먼저 손님이 왜 화가 났는지 알아보고 일단 손님을 진정시키겠습니다.

人的问题，确保老主顾，这是为了酒店以后长期发展着想。对于仅仅是提无理要求的顾客要和他讲道理说服他。

Q 到现在为止遇到的最大的挑战是什么，你怎样处理的？

A (根据个人的经历回答)我在乐天酒店做兼职的时候，有一位客人把包落在酒店去机场了。当时有很重要的文件在包里，所以我打车直接给客人送到机场了，客人很感谢我，我很骄傲我是一名酒店员工。

Q 在以后的五年你觉得自己会有怎样的成就？

A 我觉得我应该是在酒店服务行业努力工作…有可能会成为餐饮部的负责人。我不会忘记初心，继续努力学习专业知识和外语，提高自己的人际关系，我会努力给客人和同事们留下好的形象。我相信我可以在公司的带领下在我的职业生涯中取得成就，我会为了公司的形象做贡献。

Q 你有什么工作经验？

A 我曾经在乐天酒店做过两年兼职，主要工作的地方是年会场，最近六个月也做过门卫。一点一点的熟悉业务对我来说很有趣，虽然挣的不是很多但是我的零用

호텔은 고객의 문제를 최우선으로 해결하므로 단골고객을 확보할 수 있고, 이는 장기적으로 호텔의 발전에 도움이 되므로 고객의 요구를 수용하는 방법을 택하도록 하겠습니다. 다만 무리한 요구를 하는 고객에게는 논리적으로 설득을 해 나가도록 하겠습니다.

Q 지금까지 살면서 겪었던 가장 어려운 문제는 무엇이었으며 어떻게 처리했습니까?

A (개인에 경험에 따라 답한다.) 제가 롯데호텔에 아르바이트를 할 때, 고객이 가방을 두고 공항으로 가신 적이 있었습니다. 당시 매우 중요한 서류가 들어 있는 가방이라서 제가 자진하여 택시를 타고 가서 직접 고객께 전달한 적이 있었습니다. 고객께서 매우 고마워하였습니다. 호텔리어의 보람을 찾았던 중요한 경험이었습니다.

Q 앞으로 5년 후에 당신은 어디에 있을 것으로 생각합니까?

A 저는 환대산업 분야에서 열심히 일하고 있을 것이며… 아마도 식음료부의 책임자가 되어 있을 것입니다. 항상 초심을 유지하면서 전공과 외국어 실력을 쌓고, 대인관계를 넓혀서 많은 고객들과 동료직원들로부터 좋은 이미지를 받도록 노력하겠습니다. 직장에서 성장은 회사와 더불어 이뤄진다는 것을 명심하고, 회사의 이미지를 높이는 데 일조를 하고자 합니다.

Q 어떤 경력이 있습니까?

A 저는 롯데 호텔에서 주말 아르바이트를 2년간 하였습니다, 주로 근무한 곳은 연회장이었고, 최근 6개월간은 도어맨으로도 근무를 해 본적이 있습니다. 업무를 하나하나 익혀가는 재미가 있었고,

钱也不用父母给了。在酒店兼职对我来说是一个很好的工作经验。

Q 这个工作吸引你的地方是什么?

A 我很早之前就想做一名酒店员工所以大学选择了酒店经营系，我喜欢和人见面，我给客人帮助的同时我自己也觉得很幸福。我的优点是和人交往，正是因为这个所以我身边有很多朋友。我认为从事商业，外交，旅游等行业，拥有亲切的性格是很重要的，这是我的优点之一，并且这是我以后职业生涯的一个有利条件。

Q 当你和团队工作的时候，你倾向于团队的领导者还是协助者?

A 我倾向于团队的协助者，如果给我一个工作的话我会尽全力完成好，我想以这样的方式为团队做出贡献。

A 有时倾向于领导者，有时倾向于协助者。我觉得最重要的是还是要根据情况来决定做协助者还是领导者。

哪个组织想要取得成果都需要好的人力资源，它的核心就是团队合作，团队合作首先要牺牲自己为其他人做榜样，我认为我可以成为领导者率先牺牲自己为他人做榜样。

큰 돈은 아니지만 급여를 받아 저의 용돈은 부모님께 의존하지 않아도 되었습니다. 호텔의 아르바이트는 저의 성장과정에서 좋은 경험이라고 생각합니다.

Q 왜 일에 매력을 가지고 있습니까?

A 저는 오랫동안 호텔리어가 되기를 희망해 왔고 그래서 대학에서 호텔경영을 전공했습니다. 저는 사람 만나는 것을 좋아하고 제가 도와드린 손님이 행복해하시면 저도 행복해집니다. 저는 사람을 잘 사귀는 장점을 가지고 있고, 이 때문에 늘 주변에 친구가 많았습니다. 사업, 외교, 관광 등에 종사하려면 기본적으로 친화적인 성격을 소유하는 것이 매우 중요하다고 보는데, 저의 장점을 살려 멋진 인생을 만들어 갈 수 있을 것으로 봅니다.

Q 당신은 팀 구성원들과 일할 때 그 팀을 주도하는 편입니까? 아니면 도와주는 편입니까?

A 저는 팀을 도와주는 편입니다. 저에게 일이 주어지면 저는 최선을 다해 그 일을 완성하려고 합니다. 저는 이런 방식으로 팀에게 기여하고 싶습니다.

A 가끔은 도와주기도 하고, 제가 주도하기도 합니다. 무엇보다 중요한 것은 상황에 따라 도와주기도 하고, 주도하기도 하는 리더십이 중요하다고 인식하고 있습니다. 어느 조직이든 성과를 내면서 성장을 하려면 인적자원이 좋아야 한다고 알고 있습니다. 그 중심에는 팀워크가 있지요. 팀워크는 자기 희생에서 시작하고, 솔선수범하는 데서 발전하게 되지요. 저는 저 스스로가 솔선수범하는 서비스 리더라고 생각합니다.

Q 你怎样和团队成员建立信任？

A 我试着去听其他人讲话并且找出可以和其他人相处的方法。有一些言语经常会伤到别人，所以说话的时候我会注意。我觉得这样小心谨慎的注意自己的言行可以和其他组员建立起信任。

Q 对于比较伤苛刻的客人你会怎样做？

A 我会试着去找出可以使苛刻的客人满意的方法，不管在什么情况下都要有耐心。客人是酒店的财产，如果我们遵守诺言就能留住这些客人。为了这个，酒店的所有职员都应该准确的熟知酒店的规定和经营方针并且好好对待。如果我们为客人亲切的介绍各种优惠，提供好的服务，我们就可以解决任何客人的问题。

Q 如果我们酒店决定雇佣你的话，你打算工作多久？

A 我觉得贵酒店经营方向很好，有潜在实力，所以我想成为酒店的员工。如果我被雇佣的话，我想和贵酒店共同发展，只要我能的话，我会和贵酒店一起工作很久。

Q 你有什么其他的技能或者爱好吗？

Q 어떻게 팀의 구성원들과 사이에 신뢰를 쌓겠습니까?

A 저는 남의 말을 들으려고 하고 어떻게 하면 팀과 조화를 이룰 수 있을 것인가를 알아내도록 하겠습니다. 자주 말로 상대방을 상처받게 하는 경우가 있으므로 동료에게 말할 때에는 조심하도록 하겠습니다. 이렇게 제가 행동과 말을 조심하면 팀원 간에 신뢰를 쌓을 수 있을 것으로 생각합니다.

Q 까다로운 손님을 어떻게 대하겠습니까?

A 까다로운 손님을 어떻게 하면 만족시킬 수 있을지를 알아내고 어떠한 경우에도 인내심을 가지고 모시겠습니다. 고객은 호텔의 자산입니다. 이들을 잘 유지하기 위해서는 호텔이 약속을 잘 지켜야 한다고 봅니다. 그러기 위해서는 직원들이 호텔의 규정과 경영방침을 정확하게 숙지하고 업무에 임해야 한다고 봅니다. 그것은 고객에게 각종 혜택을 친절하게 안내하고, 먼저 챙겨주는 업무습관에서 문제해결의 열쇠가 있다고 생각합니다.

Q 우리 호텔에 고용이 되면 얼마 동안 일할 수 있을 것으로 생각합니까?

A 저는 귀 호텔의 경영방향이 좋고, 성장 잠재력이 뛰어나기 때문에 지원을 하게 되었습니다. 만약 고용이 된다면 저는 귀 호텔과 함께 장기적으로 발전할 수 있도록 구체적인 계획을 세워 나갈 것입니다.

Q 특별한 기술이나 관심분야가 있습니까?

A 我的英语能力很好，我英语托业成绩700分，日语能力考试取得了450分。并且我会做表格，文字处理和幻灯片，我有时还会制作自己的网站。我有调酒师资格证，并且我可以做大概40种鸡尾酒，我还有咖啡师资格证。我有时候也会跑马拉松。

Q 如果酒店需要的话你会不管任何时候都可以上班吗？

A 是的，我可以。如果我被雇佣的话，工作对我来说就是最重要的事情。我做兼职的时候主要是下午工作，忙的时候我也有从上午到晚上一直工作的时候。因为我的家离贵公司很近，所以这对我来说不是什么大的问题。

A 저는 영어를 잘 구사합니다. 저는 영어 토익을 700점, 일어능력 시험에서 450점을 땄습니다. 그리고 컴퓨터는 엑셀, 워드, 한글, 파워포인트 등을 잘 구사할 수 있습니다. 가끔 저의 홈페이지를 만들기도 합니다. 바텐더 자격증을 가졌으며, 칵테일을 40여 종 만들 수 있고, 커피 바리스타 자격증도 보유하고 있습니다. 저는 가끔 마라톤도 합니다.

Q 당신은 호텔에서 요구하면 언제든지 출근해서 일할 수 있습니까?

A 네, 그렇게 할 수 있습니다. 제가 취직이 되면 나의 일이 가장 중요한 일이 될 것입니다. 아르바이트를 할 때 주로 오후에 근무했었고, 바쁠 때는 오전에 출근하여 밤늦게 근무한 적도 있습니다. 집이 가까워서 크게 문제되는 것이 없습니다.

저자 약력

박대환

영산대학교 호텔경영학과 교수
부산 웨스틴조선호텔 영업총괄/부총지배인
관광호텔총지배인 자격증 & 국제관광호텔 총지배인 자격증(AHLA CHA)
미국 Florida International University Hospitality Management 교환교수
한국호텔관광학회 회장
경남대학교 경영학과 박사
세종대학교 호텔경영학과 석사

원철식(元哲植)

가천대학교 관광경영학과 졸업
경희대학교 대학원 관광경영학과 졸업(호텔경영학 석사)
Florida International University(Hospitality Management 석사)
세종대학교 대학원 호텔관광경영학과 졸업(호텔관광경영학 박사)
한국관광협회중앙회 근무
(주)세우리(덕구온천콘도, 그린피아관광호텔) 총지배인 근무
관광종사원 자격시험 출제위원 및 면접위원
관광호텔 등급심사 위원
영산대학교 전략기획실장, 기획처장 직무대리
한국관광서비스학회 회장
한국호텔리조트학회 회장
현, 영산대학교 호텔경영학과 학과장, 호텔관광학부 준비위원장
현, 한국관광레저학회 편집위원장

허종국(許宗國)

경남대학교 중어중문학과 졸업
대만 담강대학(淡江大学) 국제사무와 전략연구소 정치학 석사
중국 북경대학(北京大学) 국제관계학원 정치학 박사
영산대학교 호텔경영학과 교수
국립중앙도서관 외국자료 추천위원

호텔중국어 1,000문장 익히기(酒店汉语 1, 000句)

초판 인쇄 2017년 11월 1일
초판 발행 2017년 11월 10일

지은이 박대환 · 원철식 · 허종국
펴낸이 박노일

총괄기획 김중용 · 최준규
편 집 심성보

펴낸곳 pnc publishing and culture 피앤씨 미디어
경기도 고양시 일산동구 강송로 153 310-1501
등록 제396-2012-000203호
전 화 070)7550-3758 팩 스 02)718-8554
홈페이지 www.pncmedia.co.kr 이메일 pnc@pncmedia.co.kr
ISBN 979-11-5730-444-8 93720

정 가 15,000원